W0186279

Die Autorin

Eleonore Jacobi beschäftigte sich viele Jahre mit allen Themenbereichen der Esoterik. Als anerkannte Expertin auf diesem Gebiet hielt sie regelmäßig Seminare und Vorträge. Zahlreiche Fernseh- und Radioauftritte machten sie auch außerhalb Deutschlands bekannt. Eleonore Jacobi verstarb im Juni 2007.

ELEONORE JACOBI

Channeln

Praxisbuch für die Kontaktaufnahme
mit der Geistigen Welt

WILHELM HEYNE VERLAG
MÜNCHEN

MIX
Papier aus verantwortungsvollen Quellen
FSC® C014496
FSC
www.fsc.org

Verlagsgruppe Random House FSC® N001967
Das für dieses Buch verwendete
FSC®-zertifizierte Papier *Lux Cream*
liefert Stora Enso, Finnland.

2. Auflage
Taschenbucherstausgabe 1/2012

Copyright © 2006 by Ansata Verlag, München,
in der Verlagsgruppe Random House GmbH
Copyright © 2012 dieser Ausgabe by Wilhelm Heyne Verlag, München,
in der Verlagsgruppe Random House GmbH
Abbildungen des Rider-Waite Tarot-Deck©, auch bekannt
als Rider-Tarot oder Waite-Tarot, mit freundlicher Genehmigung
von U.S. Games Systems, Inc., Stamford, CT 06902, USA.
Copyright © 1971 by U.S. Games Systems, Inc.
Jede weitere Verwendung ist ohne Zustimmung
von U.S. Games Systems, Inc. unzulässig und strafbar.
Rider-Waite Tarot-Deck© ist ein eingetragenes Warenzeichen
von U.S. Games Systems, Inc.
Printed in Germany 2013
Redaktion: Dr. Juliane Molitor
Illustrationen der Kapiteleinänge: Robert Wicki
Umschlaggestaltung: Guter Punkt, München
Umschlagmotiv: © Robert Spriggs / shutterstock
Satz: C. Schaber Datentechnik, Wels
Druck und Bindung: GGP Media GmbH, Pößneck

ISBN 978-3-453-70191-5

http://www.heyne.de

Inhalt

Vorwort

Als ich anfing, mir über dieses Buch Gedanken zu machen, erreichte mich folgende Nachricht aus der geistigen Welt:

»Es war einmal eine neugierige Dame, die einfach nur angefangen hat und unser Land erreicht hat, das so fern von euch ist und doch nur eine Glastür weg, aber ihr seht sie nicht. Ihr lebt in einer Welt, einer Welt, meiner Welt. Es gibt viele Realitäten, die euch umgeben, die euch nicht sehen und ihr seht sie nicht. Jeder konzentriert sich auf seine Form der Realität. Durch dein Schreiben erreichst du unsere Welt und durch deine Offenheit und Selbstvertrauen, dass wir dir nichts Böses tun. Du hast Recht. Wir freuen uns immer, wenn ein Interesse für uns da ist, aber leider werden wir oft und häufig von euch missverstanden. Wir sind ein anderes Bewusstsein und eine andere Welt. Wir blicken in deine Welt, manche stehen dir mit Rat und Tat zur Seite, wenn du es willst. Wir senden dir und deinen Lesern Liebe, denn daraus ist die Welt gemacht und daraus ist der Stoff, der sie zusammenhält. Kein Krieg der Welt wird jemals das erreichen, was ein Hauch von Liebe erreichen kann.«

Es gab eine Zeit in der Geschichte der Welt, in der die Menschen die Natur als ihren Freund betrachteten und im Einklang mit ihr lebten. In jenen längst vergangenen Tagen war der Mensch dem geistig-spirituellen Universum ganz nah. Er wusste noch um seine geheimen Verbindungen und auch, warum er sich ursprünglich in diese physische Welt begeben hatte. Er kannte seine Ziele und Aufgaben und verstand, was es mit dem Wandel vom spirituellen Sein zum körperlich-weltlichen Leben auf sich hatte. In der unendlich langen Zeit, die nun folgte, ging dieser natürliche Austausch zwischen Mensch und Natur, Himmel und Erde mehr und mehr verloren, und irgendwann fühlte sich der Mensch den Naturgewalten schutzlos ausgeliefert. Wind, Wasser, Sturm, Fluten, Hitze und Kälte, also alles, was nicht kontrollierbar war, bekam plötzlich eine unheilvolle Bedeutung und musste entweder ertragen oder bekämpft werden. Der Mensch begann sich die Natur zu unterwerfen, die er nicht mehr verstand. Aber seine Seele blieb wie sie war und mit ihr blieb das ungewisse Gefühl, dass es mehr gibt als das, was wir mit unseren fünf Sinnen erfassen können. Also wurden Götter geschaffen – Mittler zwischen der geistig-spirituellen Welt, die der Mensch verloren glaubte, und seinem realen Erdenleben. Den Göttern wurden jene Kräfte zugeschrieben, über die der Mensch offenbar nicht mehr verfügte. Er glaubte einfach nicht mehr, dass er selbst genug innere Kraft hatte, um jederzeit in die geistig-spirituelle Welt zu reisen und dort Hilfe und Trost zu finden.

Alle Religionen dieser Erde basieren auf dieser inneren Sehnsucht, dem Himmel, Gott, dem Schöpfer der Welt, dem Nirwana, dem geistigen Ich nah zu sein. Intuitiv wissen wir alle, dass wir ein Teil des Ganzen sind, obwohl sich viele das nicht mehr bewusst eingestehen wollen.

Aber irgendwann fragen die meisten von uns nach dem Sinn des Lebens, und wenn sie die Antwort nicht in ihrer Religion finden, versuchen sie es eben auf einem anderen spirituellen Weg. Eher selten suchen Menschen die Antwort in sich selbst. Wir erwarten in der Regel, dass uns jemand sagt, wie wir glücklich und zufrieden werden, was wir glauben müssen, um unsere innere Leere zu füllen, wie wir leben müssen, um Gott oder einer Gottheit gefällig zu sein, was wir tun müssen, um das Heil zu erlangen.

Wir sind noch immer der Meinung, dass sich nur ganz bestimmte Menschen mit der geistigen Welt in Verbindung setzen dürfen, dass man ganz bestimmte Rituale befolgen muss, dass man besonders begabt sein sollte und dass vor allem große Vorsicht geboten ist, denn der Kontakt mit der geistigen Welt gilt als gewagtes Unternehmen. Aber können Sie sich wirklich vorstellen, dass es in der geistigen Welt eine Abteilung gibt, die genau aufpasst, ob wir die entsprechende Begabung mitbringen, genügend Kerzen anzünden, das Zimmer mit Weihrauchstäbchen reinigen, die richtigen Gebete sprechen, und die uns den Zugang verweigert, wenn wir etwas falsch machen? Ist die geistige Welt wirklich so kleinlich? Ich denke nicht. Die einzige Voraussetzung für einen guten Kontakt ist der ehrliche Wille, mit der geistigen Welt in Verbindung zu treten. Wer die geistige Welt ernst nimmt, wird auch von ihr ernst genommen.

Es gibt selbstverständlich Menschen, die eine natürliche Begabung haben. Sie können vielleicht hellsehen, die Zukunft vorhersagen, verstorbene Menschen sehen oder Kontakt mit Verstorbenen aufnehmen. Wieder andere legen Karten oder bedienen sich anderer Hilfsmittel, um Verbindung zur geistigen Welt aufzunehmen. Es gibt viele Varianten des Channelns.

Einen weiteren Text, den ich durch automatisches Schreiben bezüglich dieses Buches bekommen habe, möchte ich Ihnen nicht vorenthalten:

»Wir geben dir Einsicht in dein Leben, dein Sein, dein wundervolles Ich. Du kannst durch uns dich selbst erfahren und dich durch uns weiterentwickeln auf dieser Welt. Du kannst durch uns verschiedene Persönlichkeiten ansprechen, die dir auf deinem Lebensweg weiterhelfen können. Channeln zu uns ist in vielen Formen möglich. Wir hören sie alle, denn wir sind nur einen Bewusstseinshauch von dir entfernt.«

In der modernen westlichen Welt sind viele Menschen überzeugt, dass mit dem Tod alles zu Ende ist. Wir sterben und das war's. Es gibt schließlich keine wissenschaftlichen Beweise für eine Wiederauferstehung oder ein Weiterleben nach dem Tod. Unsere Vorfahren waren in diesem Punkt sehr viel offener. Sie waren überzeugt, dass der Mensch mit dem Tod in eine andere Welt eingeht.

Noch heute sind wir fasziniert vom Totenkult der alten Ägypter, aber fragen wir uns jemals, ob sie vielleicht Recht hatten? Sie glaubten, dass die Seele des Menschen auch über den Tod hinaus weiterlebt. Ihren Vorstellungen zufolge lebte der Verstorbene im Jenseits genau wie im Diesseits, sogar mit dem gleichen Beruf. Weil man glaubte, dass der Verstorbene im Jenseits auch seine Körperhülle brauchte, wurde diese sehr sorgfältig einbalsamiert. Alle lebenswichtigen Organe wurden in Tonkrügen dazugelegt. Die Grabbeigaben bestanden aus allem, was der Verstorbene in seinem neuen Leben noch brauchen konnte. Doch bevor er ins Jenseits eingehen konnte, musste er Zeugnis über sein Leben ablegen. Sein Herz wurde auf eine Waage gelegt und gegen eine Feder aufgewogen. War das Herz schwerer als die Feder, wurde der Verstorbene von einem Krokodil verschlungen. War die Waage jedoch im Gleichgewicht, erhielt er das Ankh, den Schlüssel des Lebens, und konnte fortan ein unbeschwertes Leben führen.

Im antiken Griechenland glaubte man die Seele der Verstorbenen in der von Hades regierten Unterwelt, aus der es kein Zurück gab. Bewacht wurde dieses Reich von dem dreiköpfigen Hund Cerberus, der jedem Lebenden den Zutritt verwehren sollte. Um in die Unterwelt zu gelangen, musste der Tote den Fluss Styx überqueren, und damit er Charon, den Fährmann, bezahlen konnte, legte man ihm eine Münze auf ein Auge.

Der chinesische Kaiser Shi Huang Di nahm eine ganze Armee mit in das Reich des Himmels, denn er war sicher, dass er auch im Leben nach dem Tod eine Armee brauchen würde. Achttausend Soldaten und Pferde wurden in Lebensgröße aus Ton gefertigt und mit echten Waffen ausgestattet, um ihn zu begleiten. Noch heute ist die Ahnenverehrung in China Bestandteil der Volksreligion und ein fest integrierter Teil des Alltags. Der Tod wird als eine Art Schlaf gesehen, aus dem der Mensch wieder erwachen kann. Deshalb gibt es ein Ritual, mit dem man die Seele des Toten herbeiruft und ihr Gegenstände des Alltags und Nahrung anbietet. Hölzerne Tafeln mit den Namen der Verstorbenen schmücken die Ahnenhalle oder den Hausaltar. Hier werden Opfer dargebracht und wichtige, die Familie betreffende Angelegenheiten entschieden (z. B. Hochzeiten), denn über die Opfer oder mit Hilfe von Orakeln können die Hinterbliebenen Verbindung mit ihren Ahnen aufnehmen.

Auf Madagaskar werden alle Häuser mehrstöckig gebaut, denn im Erdgeschoss, in der Nähe der Toten will niemand schlafen. Wenn eine Familie oder eine einzelne Person zu viel Pech hatte, wurde früher ein Totenwendungsfest abgehalten, das den Geist des Verstorbenen besänftigen sollte. Der Tote wurde aus dem Grab geholt und nahm an der Feier teil. Dann wurde er gewendet und wieder begraben.

Das Totenwendungsfest hatte eine ähnliche Funktion wie die Beichte und der Sündenerlass in der katholischen Kirche. Der Ombiasy – Mittelsmann zwischen Lebenden und Toten – entschied, ob ein solches Fest notwendig war, indem er Kontakt zu den Toten aufnahm. Dieser Brauch ist heute verboten, da sich viele Familien stark verschuldeten, um das Fest bezahlen zu können.

In manchen Kulturen Neuguineas wird der ursprüngliche, unmittelbare Ahnenkult noch heute praktiziert. Viele Eingeborene benutzen die Schädel ihrer Ahnen nachts als Kopfstütze. Sie träumen sozusagen auf den Köpfen ihrer Ahnen. Außerdem verzehren sie die Asche der Verstorbenen im Rahmen eines Rituals und sorgen so für ihr vollständiges Aufgehen in der Gemeinschaft der Lebenden.

Bei uns wird der Toten an Allerheiligen und Allerseelen gedacht. In katholischen Kirchen zündet man Kerzen für die Seelen der Verstorbenen an, und in den meisten Kirchen brennen Dutzende solcher Kerzen. Warum sollten wir der Toten gedenken, wenn mit dem Tod alles zu Ende ist? Wir pilgern zu allen möglichen Orten, an denen wundertätige Heilige gelebt haben, weil dort immer noch Wunder geschehen. Wie ist das möglich, wenn die Seelen dieser Heiligen überhaupt nicht mehr existieren? Im Volksglauben entscheidet Petrus an der Himmelstür, wer in den Himmel eingehen darf und wer nicht. All das weist darauf hin, dass auch wir uns nicht so ganz von dem Glauben an ein Leben nach dem Tod verabschieden können.

Wenn wir channeln, setzen wir uns mit den Seelen verstorbener Menschen in Verbindung und gehen davon aus, dass sie da sind. Wenn man als Medium arbeitet oder sich einfach nur etwas intensiver mit der geistigen Welt beschäftigt, weiß man, dass sie da sind. Seele ist Energie, und Energie geht nicht verloren.

Channeln – Was ist das?

Die bekannteste Art des Channelns ist natürlich die Arbeit eines Mediums, das sich direkt mit der unsichtbaren Welt in Verbindung setzt und mit Verstorbenen spricht. Ein Medium kann über große Distanzen hinweg Bilder empfangen oder Nachrichten aus dem Jenseits hören, die den meisten von uns verborgen bleiben. Aber Channeln ist mehr als das. Channeln heißt, der geistigen Welt ein Stück näher zu sein. Und diese Möglichkeit steht jedem Menschen offen.

Channeln funktioniert wie das Aussenden so genannter Funkwellen aus einer Radiostation und das Empfangen eben dieser Wellen auf einem entsprechend eingestellten Radioempfänger – nur eben auf der geistigen Ebene. Unter Funkwellen versteht man elektromagnetische Wellen mit Wellenlängen von vielen Kilometern bis hinab zu Millimeterbruchteilen, die zur drahtlosen Verbreitung von Information verwendet werden. Es gibt aber auch natürliche Radioquellen, mit deren Erforschung sich die so genannte Radioastronomie beschäftigt. Seit K. G. Jansky im Jahre 1932 die Radiostrahlung der Milchstraße entdeckte, hat man Millionen solcher Quellen ausfindig gemacht.

Jemand, der channelt, sendet über sein Bewusstsein eigene Funkwellen in die Weiten des Universums und kann auf diese Weise mit einem anderen Bewusstsein kommunizieren und umgekehrt. Es ist sogar schon vorgekommen, dass Menschen über das Radio oder das Fernsehen Nachrichten aus einer anderen Sphäre empfangen haben, denn es gibt durchaus Geistwesen, die diesen Weg der Nachrichtenübermittlung nutzen.

Das Aussenden eigener »Funkwellen« kann für alle Arten von Informationsübermittlung genutzt werden, sei es für das geistige Heilen, zur Selbstheilung, in der Kommunikation mit Pflanzen und Tieren oder zur Gedankenübertragung. Ein Beispiel: Als ich vor einigen Jahren einen Vortrag über Tarot hielt, verhaspelte ich mich plötzlich, verlor den Faden und konnte mich nicht mehr konzentrieren. Kurz danach kehrte meine innere Ruhe und Sicherheit zurück, als sei nichts gewesen. Als die Teilnehmer den Raum verließen, kam eine Dame auf mich zu und sagte: »Ich habe Ihnen dauernd in Gedanken eine Frage gestellt.« Da war alles klar. Sie hatte mich mit ihren »Gedankenwellen« so lange bombardiert, bis ich ihre Frage »ganz spontan« beantwortet hatte. Ich gestehe, dass ich über diese telepathische Gedankenübertragung nicht besonders glücklich war, aber sie demonstriert die Kraft der geistigen Energie, die jeder in sich hat und auch nutzen kann. Aber bitte auf positivere Weise!

Unter Channeln versteht man also nicht nur die Kontaktaufnahme zur geistigen Welt, sondern auch eine bestimmte Art der Kommunikation in unserer Welt. Oder ist es Ihnen noch nie passiert, dass Sie an einen Menschen gedacht haben, und plötzlich rief genau dieser Mensch an oder kam vorbei? Wir sind uns dieser Energien selten bewusst und senden sie meist unkontrolliert und willkürlich in die Weiten des Raums. Kommt Ihnen das Folgende bekannt vor? Sie haben sich unglaublich geärgert, müssen Ihren Frust aber schlucken, weil Sie keinen Aufstand machen wollen. Plötzlich geschehen seltsame Dinge: Der Kühlschrank geht kaputt; der Computer stürzt ab; das Auto springt nicht an. Wenn man ein solches Geschehen kontrolliert hervorruft, nennt man das Telekinese.

Auch immer dann, wenn Sie sich einen Parkplatz in einer Gegend »bestellen«, in der es eigentlich keine Parkplätze gibt, nutzen Sie diese Gedankenenergie. Viele von Ihnen werden bestätigen können, dass solche »Bestellungen« funktionieren.

Ist es schon vorgekommen, dass Sie ein bestimmtes Ereignis vorausgeahnt haben, das dann auch eingetroffen ist? Oder dass Sie intensiv über ein Thema nachgedacht haben, das am nächsten Tag genau so in der Zeitung, im Fernsehen oder in einem Gespräch diskutiert wurde? Die geistige Welt ist immer auf unserer Frequenz. Sie hört unsere Gedanken und unsere Wünsche, und wenn die Wünsche ernst gemeint sind, wird sie versuchen, sie zu erfüllen. Bärbel Mohrs Buch *Bestellungen beim Universum* handelt von genau diesen Möglichkeiten. Eine »Bestellung« muss allerdings mehr sein als ein Lippenbekenntnis. Es genügt nicht zu sagen, dass man etwas will. Das emotionale Bekenntnis muss ebenfalls dazu passen, sonst funktioniert es nicht. Ein

Beispiel: Sie bestellen sich einen neuen Partner, aber nichts geschieht. Haben Sie genau hinterfragt, ob Sie eine Partnerschaft wirklich wollen? Die geistige Welt hört Sie, nicht Ihre Worte.

Es ist ein Phänomen unserer Zeit, dass sich immer mehr Menschen auf die Suche nach Sinn machen – in der Kirche, auf einem esoterischen Weg, in Indien, beim Dalai Lama, im Buddhismus, in einer autoritären Religionsgemeinschaft oder wo auch immer sie eine Bedeutung für ihr Leben zu finden hoffen. Ich habe mich zum Beispiel oft gefragt, warum es Menschen gibt, die freiwillig in einem Kloster leben. Doch letztlich ist ein solches Leben dem Kontakt mit der geistigen Welt gewidmet, also dem Channeln. Das mag zunächst ein wenig ketzerisch klingen, aber das Beten, das Versenken in das Gespräch mit Gott geht mit einem inneren Öffnen einher, einem Öffnen für eine andere Welt. Die Gesänge, die in Klöstern schon sehr früh am Morgen angestimmt werden, haben alle einen mystischen Charakter. Das Klicken des Rosenkranzes, das regelmäßige Versinken in die religiösen Rituale des täglichen Lebens. Weil wir so lange nach Asien geschaut und die Meditationstradition dort bewundert haben, haben wir fast vergessen, dass Meditation auch ein Teil unserer christlichen Tradition ist.

Die Seele ist das, was uns ausmacht und was von uns übrig bleibt, wenn wir diese Welt verlassen. Channeln nach innen bedeutet, sich mit der eigenen Seele zu beschäftigen und seinem ureigenen Sein nahe zu sein. In der Hektik des Alltags haben wir verlernt, auf uns selbst zu hören. Oft sind wir nicht einmal mehr in der Lage, uns in ein gutes Buch zu vertiefen. Meist läuft dann noch das Radio, der Fernseher oder eine CD. Oder es muss geputzt, gekocht, gewaschen, das Fußballspiel, der Fernsehfilm getan, gemacht, geschaut werden. Nur keine Ruhe, nur nicht mit sich allein sein. Wir laufen vor uns selbst davon, konsumieren und sind insgesamt durch und durch unzufriedene Menschen. Es fehlt uns etwas, aber da wir in einer Konsumgesellschaft leben, erwarten wir, dass uns auch die Antworten für unsere Seele im Fast-Food-Modus geliefert werden: fertig verpackt, bereit zum Verzehr und möglichst gut verdaulich. Wir laufen von einem Selbsterkenntnisseminar zum nächsten, nehmen alle guten Ratschläge in uns auf und vergessen sie prompt wieder – bis zum nächsten Seminar.

In sich hineinzuhören, sich selbst zu channeln ist eine Möglichkeit, sich wieder ins Gleichgewicht zu bringen und herauszufinden, wer man ist und was man will. Dazu braucht man Zeit und die Bereitschaft, sich selbst zu erleben. Das muss nicht mit langen, komplizierten Meditationen einhergehen. Ein erster Schritt besteht darin, die ganze Geräuschkulisse auszuschalten und sich in einem wirklich stillen Raum mit sich selbst und seinen eigenen Wünschen zu beschäftigen oder einfach die Stille zu spüren und auf sich wirken zu lassen. Zu erleben, wie sich nervliche Anspannungen auflösen und man wieder mit seinen eigenen

Gedanken in Verbindung steht. Aus der Ruhe kommt die Kraft, heißt es im Volksmund, und daran hat sich bis heute nichts geändert.

Ist es überhaupt möglich, sich selbst zu channeln? Kontakt zu sich selbst aufzunehmen? Stellen Sie sich das vor: Alles in uns und um uns ist Bewusstsein. Unser Körper, jede Zelle, jedes Molekül besitzt Bewusstsein. Bewusstsein ist das, was uns am Leben hält. Wenn unsere Zellen, unsere Moleküle kein Bewusstsein mehr haben, sind wir tot. Wenn aber jedes einzelne Molekül unseres Körpers, unserer Organe und unseres Gehirns Bewusstsein besitzt, dann ist auch jedes dieser Moleküle über unsere ureigene Frequenz zu erreichen. Das bedeutet, dass wir uns durch Channeln mit jedem unserer Moleküle in Verbindung setzen können, denn es versteht diese Sprache genauso wie das Universum selbst. Es ist Teil des Ganzen wie wir Teil des Ganzen sind. Wir kommunizieren alle auf der gleichen Frequenz.

Channeln kann auch bedeuten, seiner »Vergangenheit« zu begegnen. Man liest ein Buch, sieht eine Fernsehsendung, hört Radio oder lauscht einem Gespräch – und plötzlich wird man von Gefühlen übermannt, die fröhlich, beklemmend, traurig oder euphorisch sein können und die man nicht einordnen kann. Vielleicht kennen Sie das: Sie sind in einer fremden Stadt, gehen um eine Ecke und wissen plötzlich: Hier war ich schon einmal. Ein Déjà-vu-Erlebnis. Wann immer wir eine tiefe Emotion mit einer Situation, einem Ereignis oder einem Ort verbinden und nicht wissen, woher diese Emotion kommt, erhaschen wir höchstwahrscheinlich einen kurzen Blick in eine längst vergessene Vergangenheit. Für einen Augenblick wird ein Vorhang aufgerissen – bis uns unser rationaler Verstand daran erinnert, dass dies ganz unmöglich sein kann. Wahrscheinlich – so sagen wir uns – habe ich einen Dokumentarfilm gesehen, in dem diese Straße oder dieser Platz vorkam. Vorhang zu.

Channeln erlaubt uns, die Kraft zu nutzen, die uns begleitet, die Energie, die uns immer umgibt, die nie fortgeht und immer bereit für uns ist. Wir sind dem Universum nicht willkürlich ausgeliefert. Vielmehr will das Universum Kontakt mit uns halten, denn irgendwann werden wir in das Universum, die geistige Welt oder das Himmelreich – wie immer Sie es nennen möchten – zurückkehren. **Channeln ist bewusste Kontaktaufnahme mit der geistigen Welt oder dem geistigen Allwissen.**

Channeln kann auch für die Gesundheit von Nutzen sein, denn es ermöglicht das Aussenden und Empfangen von heilenden Energien. Haben Sie schon einmal zu einer sich anbahnenden Grippe gesagt: »Dafür habe ich jetzt keine Zeit« – und plötzlich war sie weg? Es war der an das eigene höhere Selbst gerichtete Wunsch, der diese »plötzliche Heilung« bewirkt hat. Indem wir einen Wunsch formulieren und aussprechen, channeln wir bereits. Früher hat man für kranke Menschen gebetet und ihnen auf diese Weise heilende Energie geschickt. Das funktioniert auch heute noch. Und genauso ist es möglich, heilende Energien an sich selbst zu senden.

Bei der Beantwortung unserer Fragen richtet sich die geistige Welt nach unseren wahren Bedürfnissen, und die liegen manchmal jenseits der Bedürfnisse, die wir für uns formulieren. Ein Beispiel: Ein Mann möchte Karriere machen. Er geht zu einem Medium und fragt, wie er das am schnellsten bewerkstelligen könne. Das Medium bekommt die Antwort: »Geh zu deiner Mutter.« Das Medium weiß nichts mit dieser Nachricht anzufangen, der Mann auch nicht. Enttäuscht geht er nach Hause. Plötzlich, mitten in der Nacht, weiß er es. Er muss sich seinem Bedürfnis nach Anerkennung stellen. Zeit seines Lebens wollte er Anerkennung von seiner Mutter, die diese ihm aber immer verweigert hat. Er muss sich erst von dieser Sucht befreien, bevor er mit Erfolg eine Karriere starten kann.

Die Reise in das unbekannte geistige Land, das wir über das Channeln erreichen können, ist immer auch ein Abenteuer. Unglaubliche Wege führen manchmal zum angestrebten Ziel, Wege, die sich der rationale Verstand überhaupt nicht vorstellen kann. Ein Beispiel: Sie möchten unbedingt Karriere machen und sind der Ansicht, dies sei nur in einer Großstadt zu schaffen. Jeden Abend, kurz vor dem Einschlafen fragen Sie sich: Wie kann ich meine Karriere voranbringen? Plötzlich werden Sie gebeten, in einer Kleinstadt eine Filiale Ihrer Firma zu übernehmen. Was machen Sie jetzt? Folgen Sie Ihrer inneren Stimme und nehmen die plötzlich aufgetauchte Chance wahr, auch wenn sie nicht das ist, was Sie sich vorgestellt haben? Oder bleiben Sie in der Großstadt, wo Ihrer Meinung nach Karriereleitern erklommen werden? Dieses Angebot könnte der Umweg zu Ihrem Ziel sein. Welchen Weg schlagen Sie ein? Den Ihres rationalen Verstandes oder den der inneren Stimme?

Viele Künstler nutzen das Channeln instinktiv. Ein bekannter amerikanischer Schriftsteller sagte einmal, dass er seine Bücher im Schlaf vor sich sehe und sie dann nur noch abschreiben müsse. Natürlich entsteht Kunst nicht nur im Gehirn, aber sicherlich fungiert das Gehirn wie ein Empfänger für die notwendigen Inspirationen. Der Künstler hat die Möglichkeit, im Allwissen der geistigen Welt nach Visionen zu suchen und diese umzusetzen, indem er sich wie ein offener Kanal verhält, durch den die Informationen hin- und zurückfließen können. Das heißt nicht, dass die Werke großer Künstler im Universum geschaffen werden, sondern nur, dass Künstler aus Quellen schöpfen können, die nicht nur hier auf der Erde sprudeln. Sie sind fähig, genau die Inspiration aufzunehmen, die ihren Vorstellungen und ihrem Wesen entspricht und ein Kunstwerk zu ihrem ganz eigenen macht.

Channeln bezeichnet also nicht nur die Tätigkeit eines Mediums oder gar eine Fähigkeit, die sich nur wenige hochbegabte Menschen aneignen können. Nein, wir alle channeln im Alltag – mehr als wir denken und öfter als wir ahnen. Davon, wie Sie diese Kraft gezielter für sich selbst einsetzen können, handelt dieses Buch. Ich will Ihnen zeigen, wie man das Channeln im Alltag anwenden kann. Wie oft und wie selten Sie dann davon Gebrauch machen, liegt ganz bei Ihnen.

Direktes und indirektes Channeln

Beginnen wir unsere Reise in die Welt des Channelns mit dem, was ich als indirektes Channeln bezeichne, der Arbeit mit Karten, Runen und dem Pendel. Mit Hilfe von Karten und anderen Wahrsagemethoden können Sie nicht nur in die Zukunft sehen, sondern auch das eigene Seelenleben erforschen. Über das Pendel können Sie mit Ihrem Körper sprechen oder Ihren emotionalen Zustand abfragen. Runen können Zuspruch und Aufmunterung sein. Tarotkarten geben tiefe Einblicke in die eigene Psyche, wenn sie entsprechend befragt werden. Ist man über diese Mittel wirklich mit dem Universum verbunden? Und wenn nicht, warum funktionieren sie so gut?

In meinen Tarotkursen für Anfänger mache ich gern folgendes Experiment: Ich bitte alle Teilnehmer, vor Kursbeginn willkürlich drei Karten aus dem Stapel zu ziehen und die Ergebnisse aufzuschreiben. Außer mir kennt niemand die Frage oder das Legeschema. Am Ende des Kurses wird die Frage mitgeteilt und die Karten werden gedeutet. Es ist immer wieder erstaunlich, wie viel man über Motivation und Einstellung der einzelnen Teilnehmer aus den Karten ablesen kann. Ich höre schon das Argument: »Klar, nach dem Kurs weiß sie natürlich, was die Teilnehmer denken.« Das stimmt, aber meine Frage war: »Was erwarten Sie als Teilnehmer von diesem Kurs?« Und das behalten die meisten für sich. Dieses Experiment, das ich schon mehrmals gemacht habe, zeigt mir, dass man mit mehr in Verbindung stehen muss als mit seinem rationalen Verstand. Außer mir kannte nur die geistige Welt meine Frage, und doch hat bisher jeder Teilnehmer die für sich richtigen Karten gezogen.

Karten

Tarotkarten – und hier vor allem die 22 Großen Arkana – versinnbildlichen die Entwicklung unseres Seelenlebens wie keine anderen. Das können Sie am besten nachvollziehen, indem Sie regelmäßig für sich selbst die Karten legen. In einem bestimmten Zeitraum werden immer wieder die gleichen Karten auftauchen – ein deutlicher Hinweis darauf, dass ein bestimmtes Thema bearbeitet und aufgelöst werden will. Wer schickt uns diese Hinweise?

Gehen wir einmal davon aus, dass wir mit der geistigen Welt verbunden sind. Dieser geben wir nun die Möglichkeit, sich über die Bilder und die festgelegten Deutungen der einzelnen Karten mit uns zu verständigen. **Da die geistige Welt stets bemüht ist, unsere Entwicklung voranzutreiben, muss man nicht unbedingt eine fundierte Ausbildung im Kartenlegen haben, um zu verstehen, was sie uns sagen will.** Es genügt, ein Legesystem zu wählen, die entsprechenden Karten aus dem Stapel zu ziehen (das muss auch nicht unbedingt mit der linken Hand sein) und sich dann die Deutungen durchzulesen. Wichtig ist, dass man vor dem Auflegen der Karten die Frage im Kopf hat und weiß, welches System man benutzen möchte. Anschließend sollte man sich alle Antworten, die man auf diese Weise bekommen hat, mit Datum notieren.

Man kann die Karten übrigens befragen, so oft man will. Auch sind sie weder mit schlechten noch mit besonders guten Energien behaftet – genauso wenig oder so viel wie anderes bedrucktes Papier auch. Aber die darauf abgebildeten Bilder und Symbole sind in der Lage, unsere Sinne zu schärfen und uns mit der geistigen Welt zu verbinden. Und weil die geistige Welt die Karten von allen Seiten lesen kann und sämtliche Deutungen kennt, bekommen wir immer die richtigen Impulse und ziehen immer die richtigen Karten. Das gilt auch für ernsthafte Beratungen am Telefon, die immer mehr in Mode gekommen sind.

In einer solchen Sitzung fordert der Berater den Fragesteller vielleicht auf, stopp zu sagen, während er den Stapel mischt oder mit der Hand über die verdeckt ausgelegten Karten fährt. Und auch wenn der Ratsuchende nicht anwesend ist und die Karten nicht selbst gezogen hat, geben diese ein wirklichkeitsnahes Bild von seiner Situation wieder. Das weiß ich aus eigener Erfahrung. Da ein gutes Legesystem auf jeden Fall immer die momentane Situation und die innere Einstellung des Ratsuchenden mit einbezieht, kann er selbst feststellen, ob die Aussagen der Karten etwas mit ihm zu tun haben. Ich persönlich bitte meinen Gesprächspartner während einer Telefonberatung nie um ein Stopp-Signal, sondern decke bereits während ich mit ihm spreche eine Karte auf. Auf diese Weise werden die geistigen Energien des Universums in die Befragung einbezogen. Später helfen mir genau diese Energien, die treffenden Karten zu ziehen. Je mehr man sich auf diesen Austausch einlässt, umso erfolgreicher wird eine Lesung. Mit dem Verstand allein wird man die Karten nie erfolgreich interpretieren können, denn die ganz persönlichen, geheimen Informationen kommen erst im Laufe der Sitzung zum Vorschein.

Nun könnte man natürlich argumentieren, dass beim Kartenlegen nicht unbedingt ein Kanal zur geistigen Welt aufgemacht werden muss, weil die Energieströme der Beteiligten stark genug sind und die Karten direkt über das Unterbewusstsein gezogen werden. Darüber habe ich lange nachgedacht. Ich experimentiere nämlich hin und wieder bei Sportveranstaltungen: Ich lege drei Karten, eine für den Beginn, eine für den Verlauf und eine für den Ausgang des Spiels, und frage zum Beispiel, wie das Tennisspiel aus Sicht von Boris Becker ausgehen wird. Bei einem Fußballspiel frage ich natürlich, wie das Spiel aus Sicht der deutschen Mannschaft ausgeht. Irgendwann wurde ich gebeten, das sein zu lassen oder meine Vorhersagen für mich zu behalten, weil man sich sonst das Spiel gar nicht mehr anzuschauen braucht. Meine Aussagen waren nämlich verblüffend korrekt, und zwar sowohl bezüglich des Spielverlaufs als auch bezüglich seines Ausgangs. Wie kommt das? In diesen Fällen kann ich ja wohl nicht davon ausgehen, dass die Spieler ihre Energien einbringen, damit meine Karten am Ende stimmen. Es muss also eine geistige Form der Übertragung im Spiel sein. Ach übrigens, ich mache solche Experimente nicht, weil ich irgendwann Wetten abschließen möchte. Wenn ich das vorhätte, würde ich auf jeden Fall persönliche Hoffnungen und Ängste mit einbringen, und die könnten die Lesung verzerren. Jedenfalls ist das meine Meinung. Mehr über die Praxis des Kartenlegens erfahren Sie auf Seite 112 f.

Mittlerweile gibt es alle möglichen Karten: Karten über Chakras, zu psychologischen Fragen, Karten als Lebensberatung; Karten, mit denen man seinen Typ erkennen kann, und so weiter. Hier wird nicht mehr mit Symbolen gearbeitet, sondern mit fertigen Texten, aber auch sie funktionieren, und zwar alle nach demselben Prinzip. Die geistige Welt, das Allwissen, das manche auch Akasha-Bibliothek nennen, kennt alle Karten und alle Deutungen, aber vor allem kennt es die ganz persönliche seelische Situation des Fragenden. Deshalb zieht jeder intuitiv genau die Karte, die für ihn richtig ist.

Es gibt sogar ein Gummibärchen-Orakel. Hier werden blind fünf Gummibärchen gezogen, die dann eine bestimmte Aussagekraft haben. Da die Deutungen zugeordnet sind und man sie nur noch in einem Buch nachlesen muss, funktioniert auch das. Ich wundere mich manchmal, wie viel Geduld die geistige Welt für uns aufbringt, aber andererseits lernen wir hier auch etwas: **Die geistige Welt ist neutral. Sie richtet nicht, sie beurteilt nicht. Sie lässt uns gewähren.**

Runen

Runen sind alte germanisch-skandinavische Schrift- und Symbolzeichen, die wahrscheinlich vor allem für religiöse und magische Zwecke verwendet wurden, was schon ihr Name nahe legt, denn »Rune« bedeutet Geheimnis. Einzelne Runen und Runeninschriften fand man zum Beispiel auf Gräbern und Amuletten, aber auch auf Lanzen- und Speerspitzen. Die älteste überlieferte Runenreihe bestand aus 24 Zeichen, die in drei Abschnitte eingeteilt waren.

Das Runenorakel ist eines der ältesten Wahrsagesysteme. Tacitus beschreibt es im 10. Kapitel seines Werkes *Germania*: »Sie (die Germanen) schneiden von einem fruchttragenden Baum einen Zweig ab und zerteilen ihn in kleine Stücke; diese machen sie durch Zeichen kenntlich und streuen sie planlos und wie es der Zufall will auf ein weißes Laken. Dann betet bei einer öffentlichen Befragung der Stammespriester, bei einer privaten der Hausvater zu den Göttern, hebt, gen Himmel blickend, nacheinander drei

Zweigstücke auf und deutet sie nach den vorher eingeritzten Zeichen.« (Reclam-Ausgabe, 1972, Seite 17)

Odin war der germanische Gott des Runenwissens und der Runenmagie. Ein Lied aus der Edda handelt davon, wie er neun Tage lang kopfüber in der Weltesche Yggdrasil hing, bis er Kenntnis von der Macht der Runen gewann und sich befreien konnte.

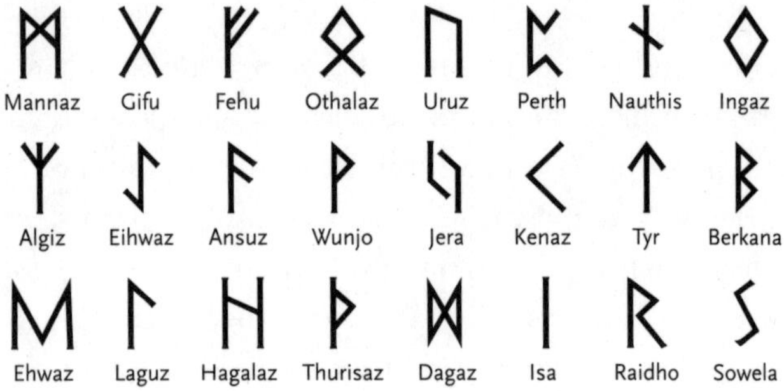

Ein Runenorakel besteht aus 24 oder 25 Steinen oder Holzstücken, auf denen jeweils eine der 24 Runen aus dem Futhark abgebildet ist. Ein Stein oder Holzstück bleibt leer und steht für das Schicksal oder die Hand der Götter. Mit den Runen ist es wie mit den Karten: Sie werden unterschiedlich gedeutet, da es keine verbindliche Überlieferung gibt. Runenmeister, die dieses Wissen gehütet haben, gaben es nur mündlich weiter.

Mit Hilfe der Runen kann man Blockaden ausfindig machen und sich mit der eigenen fehlenden Motivation auseinander setzen. Ein Beispiel: Herr R. wusste nicht weiter. Er gab sein Bestes in seinem Job und versuchte es allen recht zu machen, aber das half nichts. Er bekam weder Anerkennung noch machte man ihm irgendwelche Hoffnungen auf eine Beförderung. Da zog er aus einem Beutel mit 25 Runensteinen willkürlich einen, dessen Aussage bezüglich seiner Lebenssituation nicht treffender hätte sein können. Für ihn war diese Rune ein konkreter Hinweis darauf, wie er durch eine Änderung seines Verhaltens mehr Erfolg haben konnte, statt sich einfach seinem Schicksal zu ergeben. Wenn Sie mit Karten nichts anfangen können und sich dennoch mit der geistigen Welt in Verbindung setzen möchten, könnte ein Runenorakel genau richtig für Sie sein.

Pendel

Beim Pendeln lässt man Energien durch sich hindurchfließen, die das Pendel, das man locker zwischen zwei Fingern hält, entweder hin und her oder im Kreis bewegen, und zwar im Uhrzeigersinn oder gegen den Uhrzeigersinn. Als Pendel kann man alles nehmen, was schwingt, zum Beispiel einen Ring an einem Faden oder eine Kette mit Anhänger. Meist aber ist ein Pendel kegelförmig mit einer Spitze, die nach unten zeigt, und hängt an einer Kette.

Bevor man zu pendeln beginnt, muss man sich mit dem Pendel beziehungsweise mit den Kräften, die es bewegen, einigen, in welcher Form man kommuniziert. Das heißt: Sie fragen das Pendel, wie seine Antwort für »Ja« und »Nein« aussieht. Dann können Sie anfangen. Während Sie das Pendel in der Hand halten und auf seine Antwort warten, channeln Sie: Sie stellen einen direkten Kontakt zum geistigen Universum her und warten darauf, dass eine unsichtbare Energie Ihr Pendel in Bewegung setzt und Ihre Frage beantwortet.

Meine erste Erfahrung mit dem Pendeln machte ich während meiner Schwangerschaft. Meine Chefin band einen meiner Ringe an einen gewöhnlichen Bindfaden, hielt dieses selbst gemachte Pendel über meinen linken Handrücken und prophezeite, dass meine Zwillinge Söhne sein würden. Sie war so überzeugend, dass ich ihr sofort glaubte. Im Krankenhaus erzählte mir eine Krankenschwester, es würden Mädchen werden, weil die Herzschläge sehr stark seien. Jungs hätten keinen so starken Herzschlag. »Nein«, widersprach ich, »es sind zwei Jungs.« Als ich ihr dann auch noch sagte, warum ich dieser Meinung war, bedachte sie mich mit einem Blick, den ich nie vergessen werde. Nun, ich habe zwei Söhne.

Nach diesem ersten Erfolg wollte ich unbedingt herausfinden, ob solche Vorhersagen immer richtig sind. Also begann ich über den Händen sämtlicher Freunde Kinder auszupendeln, bis ich feststellen musste, dass das Pendel alle Kinder angab, auch die abgetriebenen und die totgeborenen. Ich war unabsichtlich in Bereiche vorgedrungen, in denen ich nichts verloren hatte. Besonders peinlich wurde es, als ich bei einem Junggesellen zwei Kinder auspendelte und er – rot im Gesicht – zugab, er wisse von zweien, habe aber keinen Kontakt zu ihnen. Da hatte ich meine erste Lektion in Verantwortung für die Botschaften aus der geistigen Welt gelernt. Seitdem stelle ich solche Frage nur noch sehr vorsichtig. Die Antworten bestätigten jedoch, dass die geistige Welt nicht urteilt, sondern nachgefragte Informationen ganz neutral weitergibt und es uns überlässt, wie wir damit zurechtkommen.

Es gibt sehr viel nützlichere und interessantere Möglichkeiten, das Pendel als echte Lebenshilfe zu nutzen. Im Kapitel »Channeln – eine Reise zu sich selbst« werden Sie einige davon kennen lernen.

Wenden wir uns nun dem direkten Channeln zu. Indem Sie sich dafür entscheiden, kommen Sie der geistigen Welt schon sehr viel näher und gehen gewissermaßen auf Tuchfühlung mit ihr. **Direktes Channeln mit Hilfe des Ouija Bretts und des automatischen Schreibens ist nur möglich, wenn sich Geistwesen bereit erklären mitzumachen.** Hier geht es darum, einen Dialog mit unseren Großeltern, unseren verstorbenen Verwandten oder unseren Ururahnen zu beginnen oder auch mit Seelen, zu denen wir keine verwandtschaftliche Verbindung haben. Über das Ouija Brett und das automatische Schreiben kann sich die Seelenwelt zu Wort melden, denn diese beiden Methoden geben den »Stummen« eine Stimme. Dazu braucht es unsere Energie und ein offenes Herz.

Das Ouija Brett

An einer Sitzung mit dem Ouija Brett nehmen normalerweise mehrere Personen teil, die ihre Energien zur Verfügung stellen, damit ein Geistwesen über diese Energien Kontakt mit der diesseitigen Welt aufnehmen kann.

Wie sieht ein Ouija Brett aus? Viele Ouija Bretter bestehen wie das oben abgebildete aus bemaltem oder bedrucktem Holz. Auf dem meist rechteckigen Brett müssen mindestens die Buchstaben A bis Z, die Zahlen von 0 bis 9 sowie die Worte »Ja, »Nein« und »Ende« zu lesen sein. Zu jedem Ouija Brett gehört eine so genannte Planchette, ein kleineres Holzbrettchen, das wie ein Kreis oder auch wie ein Herz geformt sein kann, mit einem kreisrunden Loch in der Mitte. In einer erfolgreichen Sitzung bewegt sich diese Planchette über das Brett und zeigt Buchstaben und/oder Zahlen an, aus denen sich eine möglichst leserliche Nachricht ergeben soll. Ein Ouija Brett kann auch aus Plastik oder beschichteter Pappe sein. Bezüglich des Materials gibt es keine Vorgaben. Wichtig ist vor allem, dass die Oberfläche des Brettes möglichst glatt ist. Das gilt natürlich auch für die Unterseite der Planchette.

Die Arbeit mit dem Ouija Brett ist eine logische Weiterentwicklung des Gläserrückens. Das Patent für das Brett wurde 1891 in Amerika bewilligt. Dann wurde das erste Ouija Brett in Serie produziert, war bald darauf in allen Spielwarengeschäften erhältlich und fand rasenden Absatz. Woher der Name Ouija kommt, weiß niemand so genau, aber er setzt sich aus dem französischem Oui und dem deutschen Ja zusammen. Heute werden diese Bretter als Magische Bretter, Hexenbretter oder Witch Boards angeboten. Oft werden dem Brett selbst magische Kräfte zugeschrieben, was zur Folge hat, dass sich viele Vorurteile allein darum ranken, wie es aufzubewahren ist. Immer wieder höre ich Warnungen, wie, man dürfe die Planchette auf gar keinen Fall auf dem Brett liegen lassen, weil das negative

Energien anziehen könne, oder man müsse das Brett hinter einem Schrank verstecken, damit es nicht in die Hände »unbefugter« Personen gelange. Auch dürfe man das Brett auf keinen Fall öfter als einmal im Monat benutzen, und schon gar nicht allein. Damit gibt man einem Stück Holz eine Bedeutung, die es nicht hat. Bei mir liegt die Planchette immer auf dem Brett, und das Brett ist auch nicht hinter dem Schrank versteckt.

Doch was hat es nun wirklich mit dem Ouija Brett auf sich? Was bewirkt es und was nicht? Das Ouija Brett ist eine Art Fernschreiber für die geistige Welt, die sich über die Buchstaben und Zahlen auf dem Brett verbal mit dieser Welt in Verbindung setzen kann. Dieser Fernschreiber funktioniert aber nur, wenn sich jemand davor setzt und der anderen Ebene, also dem Sender, signalisiert, dass er oder sie Kontakt aufnehmen und Informationen haben möchte.

Ich beschäftige mich selbstverständlich auch mit den negativen Aspekten dieser Art von Kommunikation, schon allein deshalb, weil immer wieder von den Problemen berichtet wird, die Menschen durch den Umgang mit dem Brett bekommen haben. Woher kommen diese Probleme? Personen, die am Ouija Brett sitzen, sind wie Kanäle, durch die Energie fließt. Wenn diese Kanäle von Ängsten oder negativen Energien blockiert sind, werden sie auch negative Energie anziehen. Daher sollten die Einstellungen und die Erwartungen aller Beteiligten vor jeder Sitzung hinterfragt werden. Welche Vorbehalte haben die Teilnehmer? Wie steht jeder Einzelne zu einer Sitzung mit dem Ouija Brett? Das sind die Fragen, die unbedingt gestellt werden müssen. Es mag sein, dass ein Teilnehmer von positiver Neugier erfüllt ist, während ein zweiter damit rechnet, dass er von »bösen Geistern« überfallen wird. Da hilft es dann auch nichts, wenn dieser nach außen hin tapfer beteuert, natürlich überhaupt keine Angst zu haben. Er wird die Energie anziehen, die er ausstrahlt. Das sicherste Anzeichen für eine fragliche Einstellung ist der Wunsch einzelner Teilnehmer nach möglichst effektiven Abwehrmaßnahmen gegen böse Geister. Da soll man dann vielleicht extrem viele Kerzen anzünden oder aufwendige Rituale durchführen, bevor man sich ans Brett setzt. Dabei ist die beste Regel ganz einfach: **Je neutraler und gelassener die eigene innere Einstellung zu dieser Art des Channelns ist, desto schöner werden die Ergebnisse sein.**

Denken Sie einmal darüber nach: Alle Ihre Vorfahren sind in der geistigen Welt, und eines Tages werden auch Sie und ich dort sein. Glauben Sie wirklich, dass wir alle zu Monstern werden, sobald wir die geistige Welt erreicht haben? Wahrscheinlich ist es eher umgekehrt, denn in der direkten Kommunikation mit der geistigen Welt ist immer von Liebe die Rede. Menschen, die Nahtod-Erfahrungen gemacht haben, sprechen nicht nur vom Licht, das sie in andere Bewusstseinsebenen geführt hat, sondern immer auch von der Liebe, die sie gespürt haben. Warum also sollte diese Welt plötzlich fürchterliche und abschreckende Energien beherbergen? Weil aber auch im Diesseits nicht nur gute Menschen leben, sollte man nicht ausschließen, dass es negative Geistwesen gibt. Schließlich befinden wir uns alle auf einer Erfahrungsreise, die es unserer Seele ermöglicht sich zu entwickeln, und manche Seelen sind eben weiter fortgeschritten als andere.

Seien Sie also aufgeschlossen, wenn Sie mit dem Ouija Brett arbeiten, aber nicht leichtgläubig. Geben Sie sich und den geistigen Wesen, die Sie erreichen wollen, genug Zeit, um eine Verbindung aufzubauen, die von gegenseitigem Vertrauen geprägt ist. Lassen Sie die Sitzungen möglichst regelmäßig stattfinden und immer mit denselben Personen. Nach einer Weile werden Sie feststellen, dass Sie schneller Zugang zur geistigen Welt bekommen und dass die Informationen zunehmend besser und ausführlicher werden. Mehr über die praktische Arbeit mit dem Ouija Brett erfahren Sie auf Seite 127 f.

Die Arbeit mit dem Ouija Brett ist jedoch nicht für alle geeignet. Wenn Sie sich zwar mit der geistigen Welt in Verbindung setzen möchten, aber Ihre Vorurteile nicht überwinden können, sollten Sie von dieser Form des Channelns Abstand nehmen und auf Karten oder das Pendel zurückgreifen.

Automatisches Schreiben

Eine Freundin schenkte mir das Buch *Gespräche mit Gott*, in dem der Autor angibt, seine Texte durch automatisches Schreiben direkt von Gott erhalten zu haben. Es sei dahingestellt, ob er sie von Gott oder einem anderen geistigen Wesen erhalten hat, aber seine Behauptung, die Texte seien durch automatisches Schreiben entstanden, kann ich gut nachvollziehen, weil ich diese Art des Schreibens seit Jahren selbst praktiziere.

Es gibt wenig Geschichtliches über das automatische Schreiben zu berichten. Bekannt wurde es in der Zeit der spiritistischen Bewegung zu Beginn des 19. Jahrhunderts. Die Spiritisten beschäftigten sich ernsthaft mit Botschaften aus der »anderen Welt«, und es gab viele bekannte Persönlichkeiten, die das automatische Schreiben praktizierten, unter anderen die Frau des berühmten Schriftstellers Arthur Conan Doyle, Autor der Sherlock-Holmes-Bücher. Die damalige Öffentlichkeit war fasziniert von dieser Form der Verbindung, und die in England gegründete *Society for Psychical Research* machte es sich zur Aufgabe, damals bekannte Medien in ihren Fähigkeiten zu bestätigen oder zu entlarven. Heute stehen wir dem automatischen Schreiben immer noch eher skeptisch gegenüber, obwohl das Interesse an medialen Fähigkeiten und an der geistigen Welt in den letzten Jahren stetig gewachsen ist. Seit der Jahrtausendwende, also seit dem Jahr 2000, leben wir in einer Zeit, die uns die geistige Welt näher bringen wird. Numerologisch gesehen steht die Zwei in dieser Jahreszahl für Intuition und für die Bereitschaft, sich mit mehr auseinander zu setzen als dem, was man sehen und anfassen kann. Das ist eine Tendenz, die uns im Übrigen noch eintausend Jahre lang erhalten bleiben wird.

Mein erster Versuch automatisch zu schreiben war nicht von großem Erfolg gekrönt. Ich stellte eine Frage, hielt meinen Bleistift sehr locker zwischen Daumen und Zeigefinger – und malte »mmmmmmm« aufs Papier, mehr nicht. Es kam auch vor, dass sich mein Bleistift plötzlich rückwärts bewegte oder immer den gleichen Kreis malte. Erst nach und nach hatte ich genügend Selbstvertrauen, den Stift etwas fester zu halten, damit die Energie, für die ich schrieb, auch richtige Buchstaben schreiben konnte. Meine plötzlich schöne Schrift hätte das Herz meiner Lehrer sicher ungemein erfreut, da meine eigene Handschrift eher unleserlich ist.

Beim automatischen Schreiben sind Sie allein mit sich und der unsichtbaren Welt. Sie können also jedes noch so persönliche Thema ansprechen und viele Ihrer Probleme klären. Sie können aber auch nach Verwandten fragen, nach Freunden oder nach jeder beliebigen anderen Person. Wie weiß ich denn, ob ich nicht selbst schreibe? Meine persönliche Antwort auf diese Frage, die mir oft gestellt wird, lautet: Wenn ich über das, was ich schreibe, nachdenken muss, ist es kein automatisches Schreiben.

Wie lange dauert eine Sitzung? Das ist je nach Kontakt unterschiedlich. Eine Sitzung kann zwischen zehn Minuten und mehr als einer Stunde dauern. Solange Sie flüssig und ohne zu überlegen schreiben, besteht der Kontakt. Wenn Ihnen nichts mehr einfällt, hören Sie auf. Es kann auch sein, dass sich in einer Sitzung mehrere Wesen zu Wort melden. Ich ende immer mit einer Unterschrift, wenn ich mit einem Thema oder Gedankengang fertig bin. Deshalb weiß ich stets, mit wie vielen »Personen« ich während einer Sitzung Kontakt hatte. Auch frage ich anfangs nie, wer da ist, sondern gehe erst einmal in den Text. Manchmal schreibe ich zwischendurch selbst einen Kommentar. Dann wird eine Sitzung wie ein Dialog geführt. Ein anderes Mal schreibe ich in einem Stück durch. Aber letztlich hat jeder automatische Schreiber seine eigene Methode. Verlassen Sie sich also ganz auf Ihr Gefühl. Wenn Ihnen der Arm wehtut oder es sonst ungemütlich wird, beenden Sie die Sitzung einfach.

Beim Schreiben sollte Ihnen klar sein, was Sie schreiben, ohne selbst Einfluss darauf zu nehmen. Das automatische Schreiben findet in einem leicht meditativen Zustand statt. Das bedeutet, dass man eine gewisse innere Distanz zu dem hat, was man schreibt. Ich habe mir angewöhnt, den geschriebenen Text erst am nächsten Tag noch einmal durchzulesen. Dabei entdecke ich oft Sätze, an die ich mich überhaupt nicht mehr erinnern kann.

Muss man Angst haben, dass man beim automatischen Schreiben von einer unfreundlichen Energie in Besitz genommen wird? Sie haben die Kontrolle über das, was Sie schreiben, und zwar immer. Wenn Sie etwas schreiben, das Ihnen nicht gefällt, hören Sie einfach auf. Sie wissen immer, was Sie schreiben. Wenn Sie Angst vor dem automatischen Schreiben haben oder auch nur ein ungutes Gefühl, fangen Sie am besten gar nicht erst an. Eine offene innere Einstellung ist die Voraussetzung für den Erfolg.

Wie kann ich mich schützen? Es gibt natürlich Vorschläge, wie Sie sich schützen sollten, aber die sind so zahlreich und so vielfältig, dass Sie genau prüfen sollten, welche Ihnen am meisten zusagen. Aber da diese Frage immer wieder auftaucht, habe ich sie selbst einmal an die geistige Welt geschickt.

Frage: »Was ist mit dem Schutz? Soll man einen Kreis ziehen oder so etwas? Ist das wirklich notwendig?«

Antwort: »*Nur wenn du im Geist nicht frei bist. Es ist mehr zu deinem Schutz vor dir selbst als vor uns. Wir sind nicht die gruseligen Geister, die man aus allem heraushalten muss. Energie ist fließend, und du weißt nicht so genau, ob die Energie nicht auch von oben kommt, wenn man einen Kreis zieht. Das kann auch richtig gute Kontakte unterbinden, da es für sie zu mühsam ist. Sie gehen lieber zu offenen Seelen, die uns so natürlich nehmen wie den Nachbarn von nebenan.*

> *Ihr geht auch davon aus, dass er anders ist als ihr, aber ungefährlich. Das sollte die Grundvoraussetzung sein. (Es ist) wie in allen Dingen: Jeder zieht die Energie in sein Haus, die er aus seinem Haus hinausprojiziert. Denke darüber nach, jetzt auf deiner Reise. Du hast unsere Unterstützung in allem, was du machst.«*

Wenn man sich mit sich selbst auseinander setzen möchte, wenn man seine intuitiven Fähigkeiten weiter ausbauen will, wenn man sich mit der geistigen Welt und ihren Möglichkeiten ernsthaft beschäftigen will, ist das automatische Schreiben ein wunderbares Hilfsmittel. Natürlich gibt es keinen Beweis dafür, dass eine Nachricht tatsächlich aus der geistigen Welt kommt und nicht aus dem eigenen Unterbewusstsein. Das muss jeder für sich selbst herausfinden. Ich weiß jedenfalls genau, dass ich nicht nur mit meinem eigenen Unterbewusstsein in Kontakt bin, sondern auch mit Geistwesen, die gern mit mir korrespondieren und von denen ich schon so manche wertvolle Hilfe erhalten habe.

Mehr über die Praxis des automatischen Schreibens erfahren Sie auf Seite 129 f.

Die Wünschelrute (Radiästhesie)

Unter Radiästhesie versteht man die Arbeit so genannter Wünschelrutengänger. Das sind medial begabte Menschen, die durch Wasseradern oder Erdstrahlen verursachte Störzonen mit Hilfe einer Wünschelrute aufspüren können. Bei einer Wünschelrute handelt es sich meist um den gegabelten Ast eines Haselnuss- oder Weidenbaums. Es gibt mittlerweile aber auch moderne Wünschelruten aus Metall oder Plastik. Dieses Gerät hält der Wünschelrutengänger locker in der Hand, und zwar so, dass die Spitze nach vorn zeigt. Wenn er eine Wasserader oder ein Störfeld aufgespürt hat, bewegt sich die Wünschelrute wie von selbst nach unten.

Im 16. Jahrhundert nutzten Bauern diese Methode, um Erze aufzufinden, aber erste Berichte über Wünschelruten stammen schon aus dem Römischen Reich und aus dem alten Ägypten.

In einer Fernsehsendung wurde von einem Bauern berichtet, der sich einen Wünschelrutengänger holte, nachdem seine Rinder schwer erkrankt waren und keine Therapie helfen wollte. Der Wünschelrutengänger stellte Wasseradern, Erdverwerfungen und Erdspalten im Bereich des Kuhstalls fest und brachte Abschirmungen aus Kupferkabeln an, welche die Tiere in Zukunft vor diesen Energien schützen sollten. Danach soll das Vieh gesund geblieben sein. Es kann natürlich wissenschaftlich nicht nachgewiesen werden, dass in diesem Stall »etwas« war und auch nicht, dass es diese Methode war, die dagegen geholfen hat. Von wissenschaftlicher Seite wird sogar überhaupt bestritten, dass es Erdstrahlungen gibt. Auf der anderen Seite stehen die Erfolge der Rutengänger, und die sind offensichtlich.

Ein Wünschelrutengänger muss in der Lage sein, sich wie ein »Kanal« zu öffnen, um die Energie zu channeln, die man weder sehen noch fühlen kann. Diese Energie wird dann auf die Wünschelrute übertragen, denn ein solches Gerät wird sich nicht von allein verbiegen, wenn eine Wasserader aufgespürt wurde. Da muss schon ein Zusammenspiel stattfinden zwischen dem Menschen, der die Rute hält, und der Energie, die er erspürt.

Ein ganz besonders begabter und erfolgreicher Rutengänger war Alois Irlmaier, der 1959 verstorbene Brunnenmacher aus Freilassing. In seinem Buch *Bayerische Hellseher* schreibt Wolfgang Johannes Bekh, dass Alois Irlmaier nicht einmal eine Wünschelrute benötigte, um Wasser zu spüren. Er fühle es in den Händen, sagte er, und einen Draht oder ein anderes Hilfsmittel benutze er nur, damit die Leute was zu sehen hätten (siehe auch Seite 215).

Aus eigener Erfahrung kann ich folgende Geschichte beisteuern: Ich war umgezogen und fing plötzlich an, über die Maßen aggressiv auf die kleinsten Kleinigkeiten zu reagieren. Erst schrieb ich das dem Stress zu, aber als es nicht aufhören wollte, lernte ich »zufällig« eine Wünschelrutengängerin kennen, die sich anbot, meine Wohnung zu begehen.

Sie fand einige Störfelder und gab mir einen Entstörer, den ich im Umfeld dieser Störzonen aufstellen sollte. In kürzester Zeit hatte ich wieder zu mehr Ausgeglichenheit gefunden, oder bildete ich mir das vielleicht nur ein? Ein paar Wochen später fühlte ich erneut eine unerklärliche Aggression in mir aufsteigen. Ich sah sofort nach dem Entstörer. Er war nicht mehr an seinem Platz. Nachdem ich ihn wieder korrekt platziert hatte, kehrte meine innere Ausgeglichenheit zurück. Einbildung oder nicht? Ich war mir jedenfalls sicher, dass mir diese Rutengängerin viel Stress erspart hatte. Interessant war auch, dass in dem ganzen Häuserblock eine unwahrscheinlich negative Energie herrschte. Unter den Menschen, die hier wohnten, waren sich die meisten spinnefeind und viele waren depressiv.

Wenn sich eine Methode, die mit den Kräften des Universums und der Erde arbeitet, über Jahrtausende gehalten hat, hat die moderne Wissenschaft eigentlich kein Recht, sie für unwirksam zu erklären. Könnte es denn nicht sein, dass die Wissenschaft einfach noch keinen Weg gefunden hat, diese Kräfte zu messen? Wasser speichert und erzeugt Energie. Warum ist es so unvorstellbar, dass es Menschen gibt, die feinfühlig genug sind, diese Energie zu channeln?

Aber vielleicht sind wir einfach noch nicht so weit wie etwa die Chinesen, bei denen das Wort der Fengshui-Meister offenbar mehr gilt als rein praktische Erwägungen. Jedenfalls wurde in Hongkong ein Gebäude erbaut, das in der Mitte ein riesiges Loch hat, weil die Fengshui-Meister der

Meinung waren, dieses Gebäude stehe dem Drachen und seiner Energie im Wege. Damit nun kein Unglück geschieht, hat man das Haus um diese unsichtbare Energie herumgebaut, was unser rationaler Verstand wohl kaum nachvollziehen kann.

Auch in Island geht man respektvoll mit Erdenergien oder Erdgeistern um. Hier sorgt eine Trollbeauftragte dafür, dass keine Straße auf Trollgebiet gebaut wird. Denn als man das einmal versuchte, gab es so viele Probleme, dass das Projekt aufgegeben werden musste. Die Trolle hatten gesiegt.

Mediales Channeln

Mediales Channeln ist das, was wir am ehesten mit diesem Begriff in Verbindung bringen: Hellsehen, Hellhören und Hellfühlen. In den Bereich des medialen Channelns gehören auch die Telekinese – die Fähigkeit, Objekte durch bloße Willenskraft zu bewegen – und die Psychokinese – die Fähigkeit, Gegenstände nicht nur zu bewegen, sondern auch schweben oder durch den Raum fliegen zu lassen. Durch mediales Channeln kommt eine direkte Verbindung zwischen einem Geistwesen oder bestimmten geistigen Informationen und dem Medium zustande. Es gibt auch Berichte von Geistwesen, die auf den Fernsehschirmen erschienen sind, und von Geisterstimmen, die sich über Telefon oder Radio gemeldet haben.

In der Fernsehserie »Medium« wird das Leben einer ganz normalen amerikanischen Frau und Mutter geschildert, die als Medium für die Staatsanwaltschaft arbeitet. Sie träumt von Ereignissen, die meist, wenn auch nicht immer helfen, Verbrechen aufzuklären. Die Serie basiert auf der Geschichte einer realen Person: Allison DuBois.

Auf ihrer Internetseite berichtet Allison DuBois, dass sie ihre besondere Gabe bereits als Sechsjährige bemerkt habe. Allerdings empfängt sie ihre Visionen meistens im wachen Zustand und nur selten in Träumen wie ihre Fernsehdoppelgängerin. Sie wird auch im richtigen Leben von Vollzugsbehörden und Familien kontaktiert, wenn es darum geht, vermisste und ermordete Personen aufzufinden, und sie hat schon vielen geholfen. Ihr Familienleben wird in der Fernsehserie ziemlich wahrheitsgetreu wiedergegeben. Allison DuBois selbst sagt dazu: »Es ist ein akkurates Portrait meines Lebens und der Menschen, die daran teilhaben, mit ein bisschen Hollywoodmagie gewürzt.«

Irgendwie passt diese normale moderne Frau so gar nicht zu den Definitionen von Medium, die man normalerweise zu lesen bekommt, zum Beispiel im Lexikon des Geheimwissens von Horst Miers (1970): »Medium, von (griech.) medos = mitten; die Hilfsperson in der spiritistischen Sitzung, welche geeignet ist, die Beziehungen zwischen der sichtbaren und der unsichtbaren Welt herzustellen.« Oder bei Wikipedia, der freien Enzyklopädie im Internet: »Als Medium bezeichnet man ein Individuum, das nach der Auffassung verschiedener religiös-mystischer Traditionen und verschiedener Spiritisten die Fähigkeit besitzen soll, Nachrichten von nichtverkörperten Wesen, z. B. von Geistern und Verstorbenen wahrzunehmen oder solche Wesenheiten zu ›channeln‹ (= sprechen, schreiben der Botschaft des Wesens durch die eigene Stimme bzw. den eigenen Körper). Die tatsächliche Existenz von ›Medien‹ ist umstritten und wissenschaftlich nicht belegt. Dies gilt auch für die Existenz von ›Geistern‹ und anderen körperlosen Wesen.«

Das stimmt. Es ist nämlich schlicht unmöglich, die Erscheinungen, Bilder, Gesichter und Empfindungen, die man nur mit den inneren Sinnen wahrnehmen kann, wissenschaftlich nachzuweisen. Wenn man aber davon ausgeht, dass Geister ehemalige Erdenbürger sind, die ihren Körper zurückgelassen haben und als Geistwesen in eine neue Dimension eingegangen sind, um dort neue und andere Erfahrungen zu machen, werden auch unsere heutigen Wissenschaftler eines Tages diesen Weg gehen müssen.

Medium ist übrigens nicht so etwas wie ein Beruf, den man freiwillig ergreift. Vielmehr sind meist diejenigen Menschen als Medium tätig, die schon von klein auf Bilder sehen und Nachrichten aus dem Jenseits empfangen. Es gibt aber auch Medien wie James van Praagh, der erst im Laufe der Jahre zu seiner medialen Bestimmung gefunden hat, obwohl er schon als Kind darüber Bescheid wusste. Er hat viele Bücher zu diesem Thema veröffentlicht, und es ist immer faszinierend mitzuerleben, wie er in Fernsehsendungen mit Menschen über deren verstorbene Familienmitglieder spricht. In diesen Gesprächen erzählt er Einzelheiten über das Ableben der Verstorbenen, die er eigentlich nicht wissen kann, weil er die Telefonanrufe live im Studio entgegennimmt. Man muss sich seiner Begabung und seines Wissen schon sehr sicher sein, um solche Gespräche so souverän und einfühlsam führen zu können.

Es gibt eine Vielzahl von spiritistischen Kirchen, vor allem in England und Amerika, für die es selbstverständlich ist, sich mit der jenseitigen Welt in Verbindung zu setzen. Während des Gottesdienstes werden Fragen von Anwesenden an Verstorbene oder andere Botschaften aus dem Jenseits vermittelt und wenn möglich beantwortet. Diese Gottesdienste sind meist sehr unspektakulär und die daran beteiligten Medien gut geschult.

Hellsehen, Prophezeiungen, Voraussagen und Heilungen sind trotz aller Widerstände ein Teil des Lebens geblieben und die wichtigsten Formen möchte ich hier vorstellen. Anzumerken ist, dass medial begabte Menschen oft über mehr als eine dieser Fähigkeiten verfügen. Ein hellseherisch begabter Mensch kann oft auch hellhören oder hellfühlen.

Hellsehen

Hellsehen ist die Fähigkeit, innere Bilder zu sehen. Diese Bilder können lebendig und detailgetreu sein, aber auch verschwommen und unklar. Man sieht vielleicht die Stufen zu einem Haus, nicht aber das Haus. Es können Bilder von Menschen sein, auf denen der Hellseher jeweils nur den Kopf sieht, nicht aber den restlichen Körper oder umgekehrt. Es können Bilder in nur einer Farbe sein, zum Beispiel in Grün, oder Bilder von Blumen, Wäldern oder einem stürmischen Meer. Manchmal wirken diese Bilder so lebendig, als könne man hineingehen und eine darin abgebildete Person direkt anfassen. Manchmal sieht man die Bilder aber auch nur verschwommen oder wie im Nebel.

Jedes Medium empfängt Nachrichten auf seine eigene Art und Weise, und jedes Medium besitzt eine eigene Symbolsprache, in der ihm oder ihr ganz bestimmte Informationen übermittelt werden. Diese Informationen müssen im realen Leben nicht unbedingt Sinn machen, da sie nur für den Empfänger, das Medium, gedacht sind.

Wenn man als Medium solche bildlichen Nachrichten empfängt, sollte man die Bilder so gut es geht erforschen und sie dann so detailgetreu wie möglich beschreiben. Diese Beschreibung wird anschließend schriftlich niedergelegt, damit man später eventuell wieder darauf zurückgreifen kann. Zum Beispiel notiert man, was man gefühlt hat und an welche Formen und Farbe man sich erinnern kann. Wenn man das Bild nicht erkannt hat, fragt man sich, was es bedeuten könnte. Ein hellseherisch begabtes Medium sieht Bilder ja nicht nur, wenn es eine Beratung für eine andere Person durchführt. Die Bilder können immer und jederzeit auftauchen und sind in ihrer Bedeutung nicht immer exakt einzuordnen. Wenn das Medium sie jedoch in einem Tagebuch notiert, möglichst mit Datum, offenbart sich ihre Bedeutung möglicherweise zu einem späteren Zeitpunkt.

Hellseher können in die Zukunft sehen, aber sie können die Bilder nicht immer korrekt interpretieren, weil der Ton dazu fehlt. Sie sehen vielleicht künftige Unfälle oder Flugzeugabstürze, können aber nicht sagen, wo das Flugzeug abstürzen wird, da sie keine genauen Auskünfte über das Flugzeug, seine Route oder den Zeitpunkt des Absturzes bekommen. Hellseher können einem Menschen ins Gesicht sehen und mit demselben Blick bestimmte Situationen im Leben dieses Menschen erfassen. Sie können diesem Menschen Hinweise für die Gestaltung seiner Zukunft geben und ihm meist auch sagen, ob ein bestimmtes Ereignis eintreten wird oder nicht. In Kriegszeiten waren Hellseher immer sehr gefragt, da viele besorgte Menschen Auskunft über das Schicksal ihrer Söhne, Ehemänner und Brüder haben wollten. Doch wie sagt man jemandem, dass der Mann, der Sohn oder der Bruder nicht nach Hause zurückkommen wird? Hellseher haben einen offenen Kanal zur geistigen Welt und zu dem Allwissen, das dort zur Verfügung steht.

Hellhören

Hellhören funktioniert so ähnlich wie Hellsehen. Es ist die Fähigkeit, Stimmen aus einer anderen Ebene zu hören, und zwar so klar und deutlich, als stünde der Sprecher direkt neben einem. Und weil da natürlich niemand steht, wird das Gehörte dann schnell als Illusion abgetan. Was auf diese Weise gehört worden war, hat man früher oft mit Teufelseingebungen verwechselt, sehr zum Unglück vieler medial begabter Menschen, die dann nicht selten auf dem Scheiterhaufen landeten. Heutzutage werden Menschen, die Stimmen hören, die außer ihnen niemand hört, schnell als schizophren bezeichnet, und Sinneswahrnehmungen, die man nicht einordnen kann, werden als Halluzinationen abgetan. Solche Diagnosen lassen die Fähigkeiten sehr sensibler Menschen völlig außer Acht, weil das Phänomen des Hellhörens von Psychiatern und anderen Fachleuten aus dem medizinischen Bereich überhaupt nicht in Betracht gezogen wird. Und für die betroffenen sensitiven Menschen selbst ist es meist höchst erschreckend, laut und deutlich eine Stimme zu vernehmen, die niemand anders hören kann.

Dabei wird schon in der Bibel mehrfach davon berichtet, dass Menschen die Stimme irgendeines übernatürlichen Wesen hörten, das ihnen etwas ankündigte. Auch sie waren anfangs sehr erschrocken und mussten beruhigt werden. Auf diese Weise erfuhr Zacharias von der bevorstehenden Geburt seines Sohnes, Johannes dem Täufer. Auch die Geburt Jesu wurde von einem Engel angekündigt. Und schließlich hörten die Hirten auf dem Feld eine Stimme, die ihnen verkündete, dass Jesus geboren worden war. Sie alle hörten diese Stimme laut und deutlich, und was sie sagte, begann immer mit: »Fürchtet euch nicht …« Auch Saulus, ein erklärter Gegner der Jünger Jesu, hörte eine Stimme, als er auf dem Weg nach Damaskus war: »Saul, Saul, was verfolgst du mich?« Damit wurde Saul zu Paulus und zu einem glühenden Verbreiter des geistigen Erbes Jesu. Hellhören war also bereits in biblischen Zeiten bekannt und hat die Geschichte dieser Welt schon mehrmals nicht unwesentlich beeinflusst.

Eine von Marius Romme, Ordinarius für soziale Psychiatrie an der Universität Maastricht, durchgeführte Studie ergab, dass etwa zehn bis fünfzehn Prozent der niederländischen Bevölkerung Stimmen hören, ohne unter psychischen Störungen wie Angstzuständen, Depressionen, Schizophrenie und so weiter zu leiden. Stimmenhörer gibt es natürlich auch in der Gruppe derer, bei denen diese psychischen Störungen diagnostiziert wurden. Bei Stimmenhörern ohne psychische Störungen hatten die Nachrichten eher einen beruhigenden, hilfreichen Tenor, während sie bei Menschen mit psychischen Störungen eher negativ, beschimpfend und quälend waren. Die Stimmen ließen sich schlecht bis gar nicht kontrollieren. Romme trat mit einer Stimmenhörerin im niederländischen Fernsehen auf und löste damit eine Lawine von Zuschriften Betroffener aus, die schließlich zur Gründung einer Selbsthilfeorganisation führte. Romme wurde in den Niederlanden zum Hoffnungsträger für viele Stimmen hörende Menschen, weil er die Ansicht vertritt, dass sich der Umgang mit den gehörten Stimmen leichter erlernen ließe, wenn das Phänomen in ein anerkanntes soziales oder spirituelles Glaubenssystem eingebettet sei. Mit der Vorstellung, von Geistern und Schutzengeln begleitet zu werden, könnten Betroffene besser leben als mit der Diagnose, aufgrund einer psychischen Krankheit unter Halluzinationen zu leiden. Matthew Fox und Rupert Sheldrake weisen in ihrem Buch *Engel – die kosmische Intelligenz* darauf hin, dass man in allen uns bekannten Kulturen und Religionen an die Existenz von Geistwesen glaubt, mit denen der Mensch kommunizieren kann. Demnach wäre nicht das Hören von Stimmen kennzeichnend für eine psychische Krankheit, sondern vielmehr die Unfähigkeit, sich mit diesen Stimmen zu arrangieren. Manche Eltern erfuhren übrigens erst anlässlich der oben erwähnten Fernsehsendung von der sensitiven Veranlagung ihrer Kinder, nämlich als diese sagten: »Das sehe und höre ich auch.«

Hellhörigkeit ist, genau wie jede andere Verbindung zur geistigen Welt, ein Segen oder ein Fluch, je nachdem, wie gut man mit einer solchen Veranlagung umgehen kann. Es steht aber außer Frage, dass es für einen sensibel hörenden Menschen einfacher ist, mit seiner Veranlagung umzugehen, wenn er weiß, dass er damit nicht allein ist und dass Stimmen im Ohr nicht sofort mit psychischen Problemen gleichzusetzen sind. Wichtig ist es vor allem, eine positive Einstellung zu dieser besonderen Gabe zu bewahren. Negative Energien haben es einfacher zu erscheinen, wenn man selbst negativ eingestellt ist. Eine Begabung wie das Hellhören bringt man in dieses Leben mit, und man sollte sich die Mühe machen, herauszufinden, warum. Geistwesen nehmen gern Kontakt mit uns auf, aber das können sie nur, wenn der Beteiligte es zulässt, und dabei zählt nicht nur die äußere, sondern auch die innere Bereitschaft.

Wenn man als hellhörendes Medium arbeitet und anderen Nachrichten übermittelt, darf man nichts zurückhalten. Auch wenn die Nachricht für einen selbst keinen Sinn macht, kann sie für den Empfänger von großer Bedeutung sein.

Hellfühlen

Hellfühlen ist eine Begabung, die sehr schwer zu erkennen ist. Hellfühlige Menschen spüren sofort, ob es anderen Menschen gut oder schlecht geht. Sie sind wie Staubsauger, die intuitiv jede Spannung, jedes Glück und jeden Stress aus ihrer Umgebung aufsaugen. Es kann einem hellfühligen Menschen passieren, dass er gut gelaunt in eine U-Bahn steigt und sie deprimiert wieder verlässt, obwohl in der Zwischenzeit eigentlich nichts Unangenehmes passiert ist – außer vielleicht, dass er versehentlich neben einer Person saß, die schlecht gelaunt war und deren Laune er unbewusst aufgesaugt hat.

Hellfühlende Menschen bekommen oft den Rat, sich ein dickes Fell zuzulegen und nicht so empfindlich zu sein. Aber dieser Rat nützt ihnen gar nichts, denn sie können nicht einfach auf unempfindlich schalten, selbst wenn sie wollten. Die meisten wissen noch nicht einmal, dass sie entsprechend veranlagt sind und kommen deshalb auch nicht auf die Idee, gewisse Gefühle einfach durch sich hindurch laufen zu lassen. Und so schleppen sie nicht selten das emotionale Paket anderer Menschen mit sich herum und glauben irgendwann selbst, dass etwas mit ihnen nicht stimmt, weil sie in ihrer Laune immer so sehr von ihrem Umfeld abhängig sind. **Hellfühlende Menschen, die mit ihrer Veranlagung nicht umgehen können, meiden in der Regel größere Menschenansammlungen oder verlassen sie irgendwann blitzartig, weil sie die innere Spannung, die dort herrscht, nicht ertragen können.** Manchmal kapseln sie sich sogar so sehr ab, dass es zu einer Phobie kommen kann. An Orten, die sehr negativ gepolt sind, etwa in Krankenhäusern aller Art, tun sich hellfühlende Menschen doppelt schwer, denn hier strömt ihnen das gebündelte Leid sämtlicher Kranker entgegen. Negative Energien am Arbeitsplatz können hellfühligen Menschen das Arbeiten dort auf Dauer unmöglich machen. Da hilft auch kein »Reiß dich zusammen, es ist doch gar nicht so schlimm«, denn hellfühlige Menschen können diese Art des Channelns nicht unterbinden. Sie sollten allerdings lernen, mit ihrer Sensitivität umzugehen, und vor allem sollten sie erkennen, dass Hellfühligkeit eine Begabung ist.

Für ein Medium kann Hellfühligkeit auch bedeuten, den Schmerz eines Verstorbenen so zu fühlen, als befinde es sich selbst in dessen Körper. Manchmal spürt das Medium auch die Einsamkeit oder die Freude eines Geistwesens, das mit ihm Kontakt aufgenommen hat. Es kann auch sein, dass das Medium einen Ort empfindet, ohne ihn wirklich zu sehen, und zum Beispiel den Duft von Rosen in einem Garten wahrnimmt. Diese Empfindungen gehen oft mit

Hellsehen oder Hellhören einher und stellen eine zusätzliche Dimension der außersinnlichen Wahrnehmung dar.

Prophezeiungen

Prophezeiungen sind die Aussagen von Menschen, die in die nahe oder ferne Zukunft sehen können. Beispielsweise soll Jeane Dixon, ein bekanntes amerikanisches Medium, John F. Kennedys Tod vorausgesehen haben. Sie hat angeblich auch versucht ihn zu warnen, aber ohne Erfolg. Ob dies stimmt, ist heute umstritten, aber solche Vorhersagen gibt es immer wieder. Abraham Lincoln soll sogar seinen eigenen Tod vorausgesehen haben. Edgar Cayce sagte bereits vor 1945 voraus, dass der Kommunismus zusammenbrechen und ein christliches Russland danach neu erstehen würde. Er bezeichnet dieses Russland als Retter der Welt. Er sagte auch voraus, dass Japan zum Teil im Meer versinken würde und dass New York von einem großen Erdbeben erschüttert werde. Solche Vorhersagen können allerdings immer nur eine grobe Orientierung bieten, denn die Zukunft kann sich von Tag zu Tag ändern. Zeit und Raum existieren nur in unserer Welt. In der geistigen Dimension, aus der diese Voraussagen gechannelt werden, gibt es keine zeitlichen Abläufe. Dort geschieht alles gleichzeitig. Aus diesem Grund ist es für ein Medium auch nicht einfach, einen genauen Zeitpunkt für das Eintreffen des vorhergesagten Ereignisses zu bestimmen. **Eine Prophezeiung kann, muss sich aber nicht bewahrheiten, da die Zukunft fließend ist und Menschen in ihren Entscheidungen frei sind. Das heißt, sie können sich zu jedem Zeitpunkt anders entscheiden und damit die Zukunft verändern.**

Der berühmteste aller Seher und Propheten ist Nostradamus, dessen Verse uns noch heute Rätsel aufgeben. Er gab noch vor seinen eigentlichen Prophezeiungen einen jährlichen Almanach mit Vorhersagen für die Landwirtschaft heraus, die jeweils ein Jahr gültig waren. Dieser zu seiner Zeit sehr populäre Almanach, der bis zum Todesjahr des Nostradamus fortgeführt wurde, war in Prosa verfasst und auf Französisch statt auf Latein. Fünf Jahre später veröffentlichte Nostradamus das Werk *Les Propheties de M. Michel Nostradamus,* das seinen eigentlichen Ruhm als Seher begründete. Es setzt sich aus vier Centurien, bestehend aus drei mal hundert und einmal dreiundfünfzig Quatrains (Strophen) mit jeweils vierzeiligen Versen zusammen, die aber so geheimnisvoll sind, dass man im Nachhinein fast alle großen geschichtlichen Ereignisse hineininterpretieren kann. Nostradamus macht in seinen Prophezeiungen fast nie eine Zeitangabe und weist nur manchmal auf astrologische Konstellation hin.

Das Erstaunliche an Prophezeiungen ist, dass sie meist voller düsterer Vorahnungen sind, für die Welt an sich oder für bestimmte Regionen. Das Alte Testament wimmelt von Propheten, die den Menschen nur Schreckliches prophezeien. Manche dieser Prophezeiungen sind eingetreten, viele aber auch nicht. Auch auf das Eintreten der Offenbarung des Johannes warten wir noch. Ich hoffe vergebens. Auch in dem Buch *Bayerische Hellseher* von Wolfgang Johannes Bekh ist fast durchgehend entweder von einem großen Strafgericht die Rede, das dem Weltuntergang vorausgehen wird, oder von einem fürchterlichen Dritten Weltkrieg, nach dem endlich Frieden herrschen soll, falls wir ihn überleben. Die meisten dieser bayerischen Hellseher waren ernsthafte Menschen, die für ihre Prophezeiungen angefeindet oder verspottet wurden und die sich sicher waren, dass sie ihre Botschaft vom Himmel bekamen.

Einem Bericht der BBC zufolge hat selbst Isaac Newton den Weltuntergang für das Jahr 2060 errechnet. Warum wurde eigentlich überhaupt nichts Positives vorhergesagt, wie zum Beispiel das Ende der Pest oder dass irgendwann in vielen Ländern Demokratie herrschen wird, was den meisten Völkern ungeahnte Freiheiten beschert?

Es scheint fast unmöglich, Positives zu prophezeien. Vielleicht werden Propheten nicht gehört, wenn sie voraussagen, dass wir beispielsweise im Jahr 2020 den Mond besiedeln und die Erderwärmung nur ein kurzer Intervall sein wird. Angesichts einer solchen Prophezeiung würde die Wissenschaft Kopf stehen und derjenige, der sie macht, würde in Grund und Boden geredet werden. Untergangspropheten hingegen lässt man gewähren. Keiner bedenkt, dass negative Energien, die in die Welt gesetzt werden, ihr Bestes tun werden, um diese Untergangszenarien wahr zu machen. Die apokalyptischen Reiter sind der Inbegriff des Terrors und des Schreckens. Und an Armageddon, wo die letzte Schlacht stattfinden soll, glauben viele Menschen. Wir warten geradezu auf das Ende der Welt, channeln damit negative Energien um die ganze Welt und wundern uns dann, dass wir alle immer depressiver werden. Hin und wieder macht jemand einen Versuch das umzukehren, doch solche Menschen bekommen höchstens ein abschätziges Lächeln. Prophezeiungen spiegeln den seelischen Zustand der Menschen auf dieser Welt wider, die insgesamt eher negativ ausgerichtet zu sein scheint. Sehr viele Prophezeiungen sind zu unserem Glück nicht eingetroffen. Naturkatastrophen können wir zwar nicht beeinflussen, aber mit der positiven oder negativen Energie, die wir an andere weitergeben, können wir sehr viel zu einer besseren oder schlechteren Lebensqualität beitragen. Wenn sich jeder von uns nur darum kümmern würde, im eigenen Umfeld ein fröhlicheres, weniger selbstmitleidiges Energiefeld zu schaffen, hätten wir schon sehr viel für unsere Welt getan.

Telepathie

Telepathie – das Versenden oder Empfangen von Gedanken – findet in Krisensituationen oft ganz spontan statt. Ein Beispiel: Sie liegen entspannt in der Sonne und freuen sich Ihres Lebens, werden aber das Gefühl nicht los, Ihren

Freund oder Ihre Freundin anrufen zu müssen. Also folgen Sie dem Impuls – und treffen den anderen schluchzend und völlig verzweifelt am anderen Ende der Leitung an. Ihre Hilfe wird dringend benötigt.

Umgekehrt möchten Sie vielleicht, dass eine bestimmte Person bei Ihnen anruft, und schicken ihr diesen Gedanken. Auch das funktioniert in den meisten Fällen.

▶ Übung · Ein kleines Experiment

Setzen Sie sich an einen ruhigen Ort. Atmen Sie ein paar Mal tief ein und aus. Sie möchten, dass eine bestimmte Person Sie anruft. Denken Sie an diese Person. Bitten Sie um einen Anruf.

Waren Sie erfolgreich? Wie lange hat es gedauert, bis der Anruf kam? Fragen Sie die Person, der Sie diese Nachricht geschickt haben, ob sie plötzlich an Sie gedacht hat, ob es ein Impuls war oder wie die Nachricht sonst angekommen ist.

In einer Fernsehsendung der ARD wurde ein Student mit einer Kappe voller Elektroden auf dem Kopf vor ein Computerspiel gesetzt und sollte nur durch die Kraft seiner Gedanken ein Rennauto lenken. Der Versuch war erfolgreich. Mit enormem technischem Aufwand hatte der Student sein Ziel erreicht. Damit war der Beweis erbracht, dass die energetischen Impulse der Gedanken wirkungsvoll auf einen Computer übertragen werden können.

Arthur Conan Doyle, der geistige Vater des Sherlock Holmes, hat dieses Phänomen ebenfalls untersucht. Er vereinbarte mit einem Freund, dass jeder bei sich zu Hause einmal pro Woche eine Zeichnung erstellen und diese dann gedanklich an den anderen schicken solle. Die Erfolge dieses Experiments waren größer als die Misserfolge. Für Arthur Conan Doyle war dies ein Beweis, dass telepathische Kommunikation möglich ist.

J. B. Rhine, ein amerikanischer Parapsychologe, begann seine Experimente mit ganz normalen Spielkarten, bis sein Kollege Karl Zener ein ganz spezielles Kartenset mit fünf Symbolen entwickelte: Kreis, Viereck, Stern, Wellenlinien und Pluszeichen. Eines dieser Symbole musste jeweils telepathisch übermittelt werden. Die Teilnehmer an diesen Experimenten saßen sich anfangs gegenüber, später saßen sie in getrennten Räumen. Wenn die Trefferquote höher war als zwanzig Prozent, ging man davon aus, dass die Probanden telepathische Fähigkeiten hatten. Diese Experimente waren allerdings auf Dauer sehr langweilig, und je länger sie durchgeführt wurden, desto schlechter wurde die Trefferquote.

J. H. Pollack erzählt in seinem Buch *Croiset, der Hellseher* von Gerard Croiset, einem bekannten holländischen Telepathen und Hellseher, dessen »Fälle« in den fünfziger und sechziger Jahren des letzten Jahrhunderts von Professor Tenhaeffs, Leiter des Instituts für Parapsychologie an der Universität Utrecht, akribisch aufgezeichnet wurden. Croiset konnte nicht nur der Polizei in Holland und ganz Europa helfen, sondern war auch in Amerika bei der

Aufklärung zahlreicher Verbrechen behilflich. Einer seiner Fälle war eine Vierundzwanzigjährige aus Kansas, die nach einem Nervenzusammenbruch aus dem Krankenhaus verschwunden war. Nach wochenlangem Suchen bat ihr Vater Professor Tenhaeffs um Hilfe, der ihm einen Telefontermin mit Croiset verschaffte. Croiset beschrieb dem Vater den Weg, den seine Tochter aus dem Krankenhaus genommen hatte, und versicherte ihm, dass er in sechs Tagen von ihr hören würde. Und in der Tat war die Tochter sechs Tage später wieder zu Hause und bestätigte alle Angaben, die Croiset gemacht hatte. Ein anderes Mal fuhr Croiset mit Professor Tenhaeffs nach Paris, um einem französischen Wissenschaftler seine Fähigkeiten zu demonstrieren. Als der Professor ihn unterwegs bat, den Mann zu beschreiben, den sie besuchen wollten, beschrieb er ihn ganz genau, obwohl er ihn noch nie gesehen hatte. Croiset wählte sich telepathisch in die Gedanken des Professors ein, der den Mann kannte, und erhielt so die gewünschte Information.

Wolf Messing, ein anderer berühmter Telepath und Hellseher, lebte in den zwanziger und dreißiger Jahren des letzten Jahrhunderts. Er konnte sich nicht nur in die Gedanken anderer Menschen hineinversetzen, sondern sie auch beeinflussen. Um seine Fähigkeiten zu üben und zu schärfen las er manchmal beim Spazierengehen die Gedanken der an ihm vorübergehenden Menschen. Dabei konnte es schon mal vorkommen, dass er dem einen oder anderen überraschten Fußgänger buchstäblich im Vorbeigehen einen Rat erteilte. Einer Frau sagte er zum Beispiel, sie solle sich keine Sorgen machen, ihr Sohn komme wieder. Einem Mann riet er, die Unternehmung, über die er gerade nachdachte, lieber bleiben zu lassen.

Die Geheimdienste dieser Welt beschäftigen sich eifrig mit den Möglichkeiten der Telepathie. Über die Ergebnisse solcher Forschungen werden wir sicherlich nicht informiert werden, aber dass solche Organisationen das Potential des telepathischen Channelns erkannt haben, ist sicher. Es funktioniert, obwohl das immer wieder heftig bestritten wird.

▶ Übung mit einem Partner

Die Übung besteht darin, dass Sie und Ihr Partner sich gegenseitig mentale Bilder schicken. Sie dauert etwa zehn Minuten. In dieser Zeit sitzen Sie und Ihr Partner jeweils in einem anderen Raum.

Atmen Sie tief ein und aus, bis Sie innerlich ganz ruhig und konzentriert sind. Nun beginnen Sie zu senden. In den ersten fünf Minuten schicken Sie ein Bild und Ihr Partner ist der Empfänger. In den zweiten fünf Minuten schickt Ihr Partner ein Bild und Sie sind der Empfänger. Schreiben Sie sich auf, welches Bild Sie geschickt und welches Sie empfangen haben. Nach zehn Minuten beenden Sie die Übung und vergleichen Ihre Eindrücke mit denen Ihres Partners. Lagen Sie richtig? Wenn nicht, was konnten Sie nicht empfangen?

Sie können diese Übung an verschiedenen Orten machen und anschließend Ihre Ergebnisse vergleichen.

Psychometrie

Unter Psychometrie versteht man die Fähigkeit eines Mediums, Informationen über einen Menschen aus Gegenständen zu beziehen, auf denen dieser einen energetischen Abdruck hinterlassen hat.

▶ **ÜBUNG · EIN KLEINES EXPERIMENT**

Gehen Sie über einen Trödelmarkt und nehmen Sie alte Gegenstände in die Hand. Was fühlen Sie? Welche Bilder sehen Sie? Versuchen Sie nicht, sich Bilder oder Szenen vorzustellen, sondern lassen Sie die Eindrücke auf sich zukommen.

Wann immer man etwas anfasst, hinterlässt man einen energetischen Abdruck und je öfter man einen Gegenstand anfasst oder trägt, umso mehr Energie wird aufgeladen. Wenn ein Schmuckstück nur einmal im Monat getragen wird und man keine emotionale Bindung dazu hat, wird der Energieabdruck eher schwach und die Information entsprechend gering sein. Wenn es sich aber um ein Schmuckstück handelt, das seinem Träger sehr viel bedeutet, ist der energetische Abdruck sehr viel intensiver. Dank der intensiven Energie, die darauf gespeichert ist, sind Eheringe ganz besonders gut zu lesen. Je dichter die Materie, umso mehr und umso länger kann sie Energie speichern. Ein Objekt, wie beispielsweise eine Uhr, die jemand immer am Handgelenk trug, oder eben ein Ehering kann einem Medium eine ganze Geschichte über diese Person erzählen, denn für einen medial begabten Menschen ist es so eine Art Computerfestplatte. Hier sind nicht nur sämtliche Emotionen gespeichert, sondern auch alle damit verbundenen Szenen. Und indem das Medium diesen Gegenstand in der Hand hält, bekommt es Einblicke in das Leben des betreffenden Menschen. Psychometrie wird oft in polizeilichen Ermittlungen angewandt, vor allem wenn vermisste Personen gesucht werden.

Da alles auf dieser Welt Bewusstsein hat, speichern zum Beispiel auch Steine Informationen. Man kann also einen Stein in die Hand nehmen und über die Bilder und Gefühle, die dann aufsteigen, herausfinden, wo er lag und wie seine Umgebung ausgesehen hat.

▶ Übung mit einem Partner

Atmen Sie einige Male tief ein und aus, bis Sie innerlich ruhig und konzentriert sind. Schließen Sie die Augen. Ihr Partner gibt Ihnen nun einen Gegenstand in die Hand. Fühlen Sie diesen Gegenstand. Aus welchem Material ist er? Ist er schwer oder leicht, warm oder kalt, weich oder hart? Wenn Sie den Gegenstand erkannt haben, konzentrieren Sie sich ganz auf die Energie dieses Gegenstands. Jetzt tauchen vielleicht Bilder auf – wie Lichtblitze oder als Gefühle. Beschreiben Sie Ihre Eindrücke.

Trance

In einer Trance hebt ein Medium das eigene Bewusstsein auf und erlaubt einem Geist sich zum Ausdruck zu bringen, oder besser gesagt: Das Medium und das Geistwesen teilen sich Energien und Bewusstsein. Der Geist spricht direkt durch das Medium. Stimmmuster, Tonfall und die Art und Weise, wie das Medium normalerweise spricht, verändern sich. Wenn beispielsweise Jane Roberts für Seth sprach, wurde ihre Stimme tiefer, sie nahm ihre Brille ab und ihre Gesichtszüge wurden kantiger. Am Ende einer tiefen Trance kann sich das Medium nicht an das Gesprochene oder Geschehene erinnern. Viele Medien haben einen solchen Kontrollgeist oder geistigen Führer, der sich durch sie zu Wort meldet und Nachrichten aus der geistigen Welt oder eigene Weisheiten weitergibt. Ein Geistwesen kann das Medium jedoch nicht dazu bringen, Dinge zu tun, die das Medium nicht tun möchte. Bekannte Trance-Medien waren Edgar Cayce, Madame Blavatsky, Emanuel Swedenborg und Rudolf Steiner. Heute spricht ein Medium oft in einem eher privaten Rahmen für ein Geistwesen und gibt diese Weisheiten oder Nachrichten meist schriftlich weiter, wie es zum Beispiel Jane Roberts bis 1984 getan hat, oder wie es Sanaya Roman, die ein Geistwesen namens Orin channelt, noch heute tut.

In den spiritistischen Kirchen Amerikas wird die Kunst des Channelns in Trance intensiv gelehrt und von entsprechend ausgebildeten Medien während der Gottesdienste praktiziert.

Telekinese oder Psychokinese

Unter Telekinese – oft auch als Psychokinese bezeichnet – versteht das *Lexikon des Geheimwissens* »die Fernbewegung von Gegenständen aller Art durch den bloßen Willen«. **Telekinese hat also etwas mit dem Sieg des Geistes über die Materie zu tun. Menschliche Energien werden hier so konzentriert gechannelt, dass sich dadurch Gegenstände bewegen lassen, ohne dass sie angefasst werden müssen.**

Der wohl bekannteste Mensch mit telekinetischen Fähigkeiten ist Uri Geller, der in den siebziger Jahren des letzten Jahrhunderts erstmals im deutschen Fernsehen aufgetreten ist, und zwar in Wim Thoelkes ZDF-Quizshow »3 x 9«. Seitdem konnten ihn die deutschen Fernsehzuschauer noch oft dabei beobachten, wie er Löffelstiele verbog und Uhren zum Stillstand brachte. Darüber, ob seine Fähigkeiten »echt« sind, wird immer noch diskutiert, aber man war nie in der Lage, ihm Betrug nachzuweisen. Ingo Swann, ein New Yorker Künstler und Medium, konnte die Temperatur eines in seiner Nähe befindlichen Gegenstandes allein mit seiner Gedankenkraft um ein Grad verändern und das magnetische Feld eines Magnetometers beeinflussen. Nina Kulagina (geb. 1927), eine einfache russische Hausfrau, demonstrierte ihre Fähigkeiten 1968 erstmals vor einem westlichen Publikum. Sie konnte verschieden große Gegenstände bewegen und den Weg eines sich bereits bewegenden Objektes verändern.

Telekinese hat augenscheinlich nichts mit medialem Channeln zu tun, denn hier wird keine Verbindung zur geistigen Welt hergestellt. Und doch handelt es sich um eine Form des Channelns, denn eigene Energie wird bewusst eingesetzt, um Materie zu bewegen. Viele Spiritisten und Medien haben Tische levitiert und Gegenstände durch den Raum fliegen lassen, um ihre Kunst zu demonstrieren. Daniel Dunglas Home, ein um 1885 in England sehr berühmter Spiritist, konnte nicht nur Gegenstände durch den Raum fliegen lassen, sondern auch sich selbst und andere auf einem Stuhl sitzend bis an die Zimmerdecke bewegen. Sein Meisterstück vollbrachte er, als er nach einer Sitzung, in der er auch einen Geist hatte erscheinen lassen, noch tief in Trance aus einem Fenster hinaus- und in ein anderes wieder hineinschwebte. Das wurde von einigen Personen beobachtet.

Telekinese wird allerdings auch oft unbewusst und deshalb unkontrolliert ausgeführt. Dann kann es passieren, dass plötzlich elektrische Geräte kaputtgehen oder das Auto einfach stehen bleibt, ohne ersichtlichen Grund. Wenn Ihnen so etwas schon einmal passiert ist oder Sie einen solchen Fall kennen, sollten Sie sich fragen, was dem Ereignis vorausgegangen ist. Gab es großen Ärger, Frust oder diffuse

Ängste, die keinen Ausdruck finden konnten? Solche Emotionen sind pure Energie, und wenn aufgestaute Energie unbewusst »losgelassen« wird, kann es schon passieren, dass Wanduhren stehen bleiben, Bilder von der Wand fallen oder der Kühlschrank kaputtgeht. Selten kommt man allerdings auf die Idee, dass man dies selbst ausgelöst haben könnte.

Ein Beispiel: Eine junge Frau hatte eine sehr traumatische Trennung von ihrem Freund zu verarbeiten, der sie von heute auf morgen ohne Erklärung verlassen hatte. Sie stand unter Schock und war zutiefst verletzt, wollte dies aber nicht zugeben. Sie konnte das Trauma auch nicht auflösen, weil ihr Freund jede Aussprache ablehnte. Die Tatsache, dass offenbar auch keine andere Frau im Spiel war, machte alles nur noch schlimmer. Sie saß also vor den Scherben ihrer Beziehung und wusste nicht, warum. Plötzlich fiel eine Glasscheibe aus ihrer Wohnzimmertür und brach in tausend Scherben, ohne dass die Tür zugefallen war. Sie nahm an, das Glas müsse schon lange einen Sprung gehabt haben. Als Nächstes fiel ihr ein Bild direkt vor die Füße. Der Haken war noch in der Wand. Dann fiel ihr Computer aus – ebenfalls ohne ersichtliche Ursache …

Es gibt noch viele solcher Beispiele: In einem Anwaltsbüro flogen Gegenstände durch die Luft oder fielen einfach von der Wand. Es stellte sich heraus, dass dieses Phänomen immer dann auftrat, wenn eine junge Angestellte das Büro betrat. Ein anderer Fall ereignete sich in einer Reitschule. Das Pferd einer bestimmten Reiterin hatte wesentlich öfter Koliken als alle anderen und immer, nachdem die Besitzerin anwesend gewesen war. Die Besitzerin liebte ihr Pferd und tat alles, damit es dem Tier gut ging. Deshalb waren diese Koliken unerklärlich. Falsches Futter wurde ausgeschlossen, die Pferdebox wurde gewechselt, nichts half. Schließlich stellte sich heraus, dass die Reiterin jedes Mal bevor sie in den Reitstall gekommen war im Büro oder zu Hause Ärger gehabt hatte. Diese aufgestaute Energie hatte sie mitgebracht und auf ihr Pferd übertragen, das daraufhin krank geworden war.

Das Desaster kann sich aber auch anders zum Ausdruck bringen: Man macht einen Termin, der einem wichtig ist, und er wird abgesagt. Man verpasst den Zug oder das Flugzeug. Man bleibt vor einem wichtigen Termin im Stau stecken. Die schönste Vase rutscht einem plötzlich aus der Hand. Das sind nur allzu oft Missgeschicke, die wir selbst verursachen, weil wir unsere Energien nicht unter Kontrolle haben. Um diese unbewussten telekinetischen Energien in die richtigen Bahnen zu lenken, sie also richtig zu channeln, muss man sich seiner selbst bewusster werden und konstruktiver mit seinem inneren Frust umgehen.

Telekinese bewusst zu üben kann allerdings helfen, sehr viel klarer und fokussierter im Denken zu werden. Dazu muss man sich genau vorstellen, wie man ein Objekt bewegen möchte (was nebenbei auch förderlich für die Konzentrations- und Visualisierungsfähigkeit ist), und davon ausgehen, dass dies möglich ist.

▶ Übung · Eine visuelle Technik um einen runden Bleistift zu bewegen

1. Fühlen Sie, wie die Energie des Universums Sie durchströmt.
2. Legen Sie einen kleinen Bleistift auf eine glatte Fläche.
3. Schauen Sie auf den Bleistift und konzentrieren Sie sich darauf.
4. Schließen Sie nun die Augen und stellen Sie sich den vor Ihnen liegenden Bleistift genau vor.
5. Stellen Sie sich dann vor, wie sich Ihre Energie mit der des Bleistifts vereint.
6. Stellen Sie sich vor, wie Sie den Bleistift nach vorn rollen und dann wieder zurück.
7. Stellen Sie sich vor, wie Sie den Bleistift wieder zur Mitte bewegen.
8. Wenn Sie fertig sind, machen Sie die Augen wieder auf.

Statt den Bleistift nur mit dem Geist zu bewegen, können Sie auch beide Hände darüber halten und sich wie oben beschrieben konzentrieren. Verbinden Sie sich über die Energie Ihrer Hände mit dem Bleistift und versuchen Sie ihn in Bewegung zu versetzen.

Diese Übung sollte öfter wiederholt werden, denn sie wird sicher nicht auf Anhieb gelingen. Man muss üben, üben und üben. Es kann Wochen dauern, bis sich die ersten Erfolge einstellen.

Séancen

Die Begeisterung für so genannte Séancen schwappte um 1852 von den USA kommend auf Europa über. Diese Sitzungen mit einem Medium, in denen es darum ging, Kontakte zur Geisterwelt herzustellen, wurden um 1860 in vielen europäischen Privathäusern abgehalten und waren ein beliebtes Gesellschaftsspiel. Das Medium forderte den Geist auf, in die Runde zu kommen und sich zu materialisieren. Meistens dauerte es nicht lange, bis man es in dem abgedunkelten Raum klopfen und hämmern hörte. Gegenstände bewegten sich, oft auch der Tisch, Schatten huschten durch den Raum. Der Geist war da. Wenn das Medium während der Séance in Trance fiel, machten sich die Geistwesen durch das Medium bemerkbar, wobei sich dessen Stimme und Körperhaltung fast immer veränderten. Dann fragte jemand: »Geist, der du in unsere Mitte gekommen bist, sag uns, wer du bist!« Dann konnte es sein, dass sich die Mutter oder der Vater eines Teilnehmers oder auch ein anderes Familienmitglied meldete. Manchmal sprach auch der Geistführer des Mediums, beantwortete Fragen und gab den Beteiligten alle möglichen Ratschläge. Dabei kam es auch vor, dass Gegenstände durch die Luft schwebten. In seinem *Buch der Medien* berichtet Allan Kardec, dass sich bei solchen Sitzungen häufig der Tisch unter den Händen der Teilnehmer zu drehen begann. Und wenn sie die Hände wegnahmen, drehte sich der Tisch trotzdem weiter. Manchmal wurde der Tisch sogar bis an die Zimmerdecke gehoben und dann wieder sanft zu Boden gesenkt. Es soll aber auch vorgekommen sein, dass der Tisch unsanft zu Boden krachte und dabei zerbrach.

Man kann sich gut vorstellen, dass in solchen Sitzungen sehr viele ängstliche Menschen gesessen haben, die unbedingt Kontakt mit ihren verstorbenen Verwandten haben wollten und die eine leichte Beute für skrupellose Betrüger waren. Das ist schade, denn sicher haben unsere Großeltern und Urgroßeltern diese unsichtbare Welt noch sehr viel ernster genommen als wir heute. Damals wurden viele Versuche unternommen, sich ernsthaft mit der Möglichkeit des Channelns in andere Welten auseinander zu setzen und zu beweisen, dass es diese anderen Welten auch wirklich gibt. In seinen Werken *Das Buch der Geister* und *Das Buch der Medien* hat Allan Kardec genau recherchierte Berichte über die Verbindung zu Geistwesen veröffentlicht.

Was ist gemeint? – Begriffe aus der Welt des Channelns

Wenn man sich mit dem Channeln und mit der geistigen Welt befasst, kommt man nicht umhin, sich auch mit gewissen Begriffen auseinander zu setzen, die in diesem Zusammenhang immer wieder auftauchen.

Ins Licht schicken

Ins Licht schicken heißt, die Energie eines geistigen Wesens zurück ins Universum zu schicken, indem man dem Geist hilft, in ein weißes Licht einzutauchen. Das kann dadurch geschehen, dass man mental mit dem Geist Kontakt aufnimmt und ihn darauf aufmerksam macht, dass er unsere Welt bereits verlassen hat. Man kann aber auch ein Gebet sprechen oder die geistige Welt bitten, dieser Seele den Weg nach Hause zu zeigen. In einer Sitzung am Ouija Brett kam folgender Dialog zustande, wobei die Antworten von dem Geistwesen stammen:

FRAGE: Weißt du, was wir sind?
ANTWORT: *Nein*
FRAGE: Weißt du, was ich bin, Mann oder Frau?
ANTWORT: *Frau*
FRAGE: Sind andere Lebewesen da?
ANTWORT: *Nein*
FRAGE: Was können wir für dich tun?
ANTWORT: *Finde meinen Weg in den Himmel.*
FRAGE: Folge dem Licht.
ANTWORT: *Ganz allein?*
FRAGE: Siehst du das Licht?
ANTWORT: *Ja*
FRAGE: Warum traust du dich nicht?
ANTWORT: *Weit*
FRAGE: Siehst du deine Großeltern?

ANTWORT: *Nein*
FRAGE: Gehe Schritt für Schritt zu dem Licht. Fühlst du etwas?
ANTWORT: *Warm*
FRAGE: Bist du schon weiter gegangen?
Antwort: *Nein*
FRAGE: Zieht dich das Licht an?
ANTWORT: *Ja*
FRAGE: Bist du schon weiter?
ANTWORT: *Ja*
FRAGE: Wartet jemand auf dich?
ANTWORT: *Die Liebe. Oma, da ich gehe.*

Dieser Dialog wurde von einem Gefühl unglaublicher Einsamkeit begleitet, als befinde sich dieses arme Wesen allein im dunklen Weltall. In allen Berichten über Nahtod-Erfahrungen ist die Rede davon, dass die Seele, der Geist durch einen Tunnel aus Licht aufsteigt. Wenn wir davon sprechen, einen Geist ins Licht zu schicken, meinen wir genau diesen Lichttunnel. Die noch erdgebundene Seele muss ihren Weg in dieses Licht finden.

Erdgebundene Seelen

Wenn Menschen gewaltsam oder sehr plötzlich aus dem Leben gerissen wurden und keine Zeit hatten, sich mit dem veränderten Zustand vertraut zu machen, bleiben ihre Seelen oft erdgebunden und nehmen das Licht nicht wahr, das sie in die geistige Welt begleiten würde. Oft wissen sie noch nicht einmal, dass sie gestorben sind. Auch Menschen, die sich sehr vor dem Sterben fürchten, tun sich schwer, den Weg in die geistige Welt zu finden. Jane Roberts berichtet in ihrem Buch *Gespräche mit Seth* von einer Nachbarin, die nach langem Leiden gestorben war und der sie plötzlich in deren leeren Wohnung begegnete. Die alte Dame irrte dort herum und wusste überhaupt nicht, dass sie tot war. Sie hatte sich zeit ihres Lebens vor dem Sterben gefürchtet und deshalb gar nicht wahrgenommen, dass sie es bereits hinter sich hatte.

Es gibt auch Fälle, in denen Verwandte eine Seele davon abhalten, in die geistige Welt einzugehen, weil sie den Verstorbenen einfach nicht loslassen wollen. Das emotionale Band ist dann so stark, dass es der Seele den Weg in ihre neue Heimat versperrt und sie die Erde nicht verlassen kann. Emotionen sind unglaublich starke Energien. Daher ist es sehr, sehr wichtig, dass Menschen den Tod eines Angehörigen nicht als endgültigen Verlust betrachten, sondern als vorübergehende Trennung und dass sie den Verstorbenen loslassen können. Jeder muss sich auf seine eigene Art und Weise weiterentwickeln.

Geistige Führer

Was ist ein geistiger Führer? In unserer christlichen Tradition denken wir meist an Engel, wenn wir von Wesen aus einer anderen Dimension reden, die uns Schutz und Hilfe geben. Da es aber eine Vielzahl von Religionen gibt und nur eine geistige Welt für uns alle, werden die Geistwesen, die mit uns kommunizieren, für den Einzelnen immer das sein, was er sich darunter vorstellt. In einer Übung habe ich nach meinem eigenen geistigen Führer gesucht und einen sehr alten Mann gefunden, der hoch über dem Meer in einem wunderschönen Haus aus Glas wohnt und einen einmaligen Panoramablick aufs Wasser hat. Er sah aus, wie ich mir Merlin vorstellte, den Zauberer aus der Artussage. Ein geistiger Führer wird auch in Ihrer Vorstellung immer das sein, was Sie erwarten. Probleme habe ich allerdings mit Computerprogrammen, die behaupten, auf Knopfdruck sagen zu können, wie der Engel heißt, der mich angeblich begleitet.

In den spiritistischen Kirchen haben sprechende Medien meistens einen Kontrollgeist, der immer da zu sein scheint und sich stets als Erster meldet. Ich selbst halte es eher mit Edgar Cayce, der in all seinen Sitzungen einen direkten Zugang zum Allwissen der geistigen Welt hatte und keinen Mittler brauchte. Dieses Allwissen steht uns allen offen. Manchmal fehlt uns einfach der Mut, den direkten Weg zu gehen. Dann suchen wir uns einen geistigen Führer, der uns hilfreich zur Seite steht.

Ganz normale Menschen mit medialen Fähigkeiten

In unserer heutigen hektischen Zeit haben die meisten Menschen wenig Muße, sich mit Geistern in Verbindung zu setzen. Wenn mediale Nachrichten für einen Einzelnen durchkommen, werden sie schnell überhört, da man nicht sofort etwas damit anfangen kann, denn Geister kommunizieren anders als wir. Sie arbeiten mit Bildern, Impulsen, Tönen, Gefühlen und Symbolen. Auch fällt es manchem, der als normal gelten will, schwer, zuzugeben, dass er Bilder und Nachrichten aus einer anderen Welt empfängt oder Verstorbene sieht. Die folgenden Fallgeschichten handeln von Menschen, die einen »normalen« Beruf ausüben und ihre medialen Fähigkeiten am Anfang wohl eher als erschreckend eingestuft haben. Zwischenzeitlich kommen sie aber alle gut mit ihren Begabungen klar. Die Nachrichten aus der geistigen Welt sind ein Teil ihres Lebens geworden.

Rita ist Geschäftsfrau. Ihr Leben lang hat sie Schatten gesehen – in ihrer Wohnung, aber auch vor den Fenstern. Von ihrer Form her sind diese Schatten schwer zu definieren, aber sie sind entweder hell oder dunkel. Erst dachte Rita, es handle sich nur um die Seelen von Verstorbenen, doch nach einer Weile fand sie heraus, dass auch lebende Menschen ihre Energien in Form von Schatten zu ihr senden, anscheinend meist kurz vor einer traumatischen Krise. Obwohl die tatsächliche Manifestation nur schemenhaft zu erkennen ist, kann Rita die Person, zu welcher der Schatten gehört, mit ihren inneren Augen sehen. Manchmal sind es Familienmitglieder, oft aber auch Menschen, die sie noch nie zuvor gesehen hat. Wenn das geistige Bild hell oder weiß ist, sagt sie, geht für die betreffenden Menschen alles gut aus. Wenn es schwarz ist, nicht. Sie hat wiederholt versucht, sich mit diesen Energien in Verbindung zu setzen, um herauszufinden, warum sie von ihnen besucht wird, aber bisher ist jeder Versuch der Kontaktaufnahme gescheitert. Rita erzählt, dass eines Tages eine Frau mit zerdrücktem Hut und zerrissenen Kleidern vor ihr stand. Sie kannte diese Person, wusste aber mit dem Bild nichts anzufangen. Kurze Zeit später bekam sie einen Anruf, in dem ihr mitgeteilt wurde, dass diese Frau einen ziemlich schlimmen Autounfall gehabt habe, von dem sie sich aber wohl wieder erholen werde. Manchmal kommen Wesen aus der geistigen Welt sie auch einfach besuchen. Zum Bespiel war unlängst der verstorbene Besitzer ihres Geschäftes da, weil er sehen wollte, wie es läuft. Dies und dass der frühere Besitzer sehr an seinem Geschäft gehangen habe, ergab die Nachfrage über das Ouija Brett.

Miriam war vor vielen Jahren in ein sehr schönes großes Haus gezogen. Eines Tages sah sie plötzlich eine Frau in ihrer Küche stehen, die sie schweigend ansah. Sie fand heraus, dass es sich um die verstorbene Besitzerin des Hauses handelte. Weil Miriam damals nicht wusste, wie sie sich verhalten sollte und wie sie diese Seele ins Licht schicken konnte, hat sie sich über drei Jahre lang mit ihr in ihrer Küche unterhalten. Es waren allerdings immer sehr einseitige Gespräche, denn sie bekam nie eine Antwort. Seltsamerweise kam dieser Geist nur, wenn Miriam allein war. Wenn ihr Mann im Haus war, ließ er sich nicht blicken. Nach fast drei Jahren fand Miriam dann einen Bekannten, der diese Seele ins Licht geschickt hat. Danach hörten die Besuche auf.

Renate berichtete von einer Beerdigung, während der sie in der Aussegnungskapelle die Verstorbene stehen sah, und zwar in einem Kleid, das diese sich kurz vor ihrem Tod gekauft hatte. Der Geist verfolgte das Geschehen mit wütendem Gesicht. Die Verstorbene war zu ihren Lebzeiten eine sehr negativ eingestellte Person gewesen, und daran hatte sich kurz nach ihrem Tod offenbar nichts geändert. Sie folgte der Trauergemeinde von der Aussegnungshalle bis zur Grabstelle und verschwand nach einer Weile.

Sind Sie schon einmal durch eine Straße, einen Wald oder einen Ort gegangen, die oder den Sie so schnell wie möglich wieder verlassen wollten? Oft hat das mit einem früheren Leben zu tun, aber manchmal spürt man an solchen Orten auch die Energien verstorbener Seelen, die noch an die Erde gebunden sind. Zwei Damen gingen jahrelang sonntags in einem wunderschönen Wald spazieren. Es gab jedoch eine Stelle, an der sich beide nicht wohl fühlten. Eine der beiden hatte immer das Gefühl, sie müsse sich umdrehen, weil etwas hinter ihr stehe. Beide spürten, dass dort etwas war, aber was genau, konnten sie nicht sagen. Nach Jahren haben sie dann das Ouija Brett befragt und erfahren, dass vor zweihundert Jahren ein Mann an dieser Stelle gewaltsam zu Tode gekommen war. Sie wurden aufgefordert, diese Seele ins Licht zu schicken. Daraufhin sprachen die beiden Damen ein Gebet für den Toten, verbunden mit der Bitte, dieser Seele den Weg »nach Hause« zu zeigen. Als sie sich der Waldlichtung das nächste Mal näherten, kam es ihnen vor, als seien mehrere Bäume gefällt worden. So lichtdurchflutet war dieser Platz plötzlich. Sie fühlten, dass dies ein Geschenk der heimgekehrten Seele an sie beide war.

Menschen, die medial begabt sind, wissen genau, dass sie diese Begabung haben. Sie mögen nicht immer gut damit umgehen, aber sie zweifeln nicht an ihrer Verbindung zum Jenseits. Ich selbst bin ein schreibendes Medium, und ich bin mir ganz sicher, dass die Aussagen, die ich oft für mich selbst bekomme, nicht meiner Phantasie entspringen. Es ist ein inneres Wissen, dass man nicht unbedingt erklären kann.

Besuch bei einem Medium

Was muss man beachten, wenn man als Ratsuchender zu einem Medium geht? Seien Sie ganz aufmerksam und fragen Sie sich: Wie geht die Person mit mir um? Ist sie nervös und fahrig? Oder wirkt sie ruhig und ausgeglichen? Wie viel

Requisiten sind notwendig? Fragt das Medium zu genau nach meinen persönlichen Umständen? Ist die wichtigste Frage die nach dem Honorar?

Damit die Sitzung erfolgreich wird, sollten Sie auch bei sich selbst auf einige Dinge achten. Ihnen muss klar sein, was Sie wollen. Wenn Sie zum Beispiel nach Ihrer verstorbenen Tante fragen, ist nicht sicher, ob diese sich melden wird, weil ein Geistwesen nicht kommen muss. Deshalb ist Flexibilität gefragt. Auch sollten Sie innerlich offen sein und sich während einer Sitzung nicht selbst auf einen bestimmten Kontakt konzentrieren, denn damit würden Sie die Energien für beide Seiten blockieren. Wenn ein Kontakt zustande kommt, sollten Sie sich die Person auf der anderen Seite genau beschreiben lassen. Auch soll ein Medium das, was es sieht oder hört, nicht bewerten, sondern nur wiedergeben, auch wenn es anscheinend keinen Sinn macht. Angenommen, Sie wollten mit Ihrer Oma sprechen. Dann beginnt das Medium vielleicht von einer älteren Frau zu sprechen und erzählt Ihnen etwas aus Ihren Kindertagen. Es stimmt, und Sie freuen sich, dass Ihre Oma gekommen ist. Dann sagt das Medium, dass es einen gelben Ball auf- und abspringen sieht. Es kann nichts damit anfangen. Sie aber wissen sofort: Das ist nicht Oma, sondern eine Tante, mit der ich als Kind geübt habe, wie lange ich einen Ball in Bewegung halten kann. Geistwesen sagen nicht unbedingt: Ich bin deine Tante. Vielmehr kommunizieren sie in einer Bildsprache, die nur der Fragende verstehen kann.

Auch wie Sie Ihre Frage an ein Geistwesen stellen, ist sehr wichtig. Wenn Sie zum Beispiel fragen: »Werde ich viel Geld bekommen?«, kann der Geist mit »Ja« antworten, wird aber selten weitere Auskünfte erteilen. Dann sitzen Sie zu Hause und warten, aber nichts passiert. Wenn Sie aber fragen: »Wie kann ich mein Einkommen verbessern, gibt es einen Weg?«, fällt der Rat wahrscheinlich detaillierter aus und kann den Weg zu einer besseren finanziellen Situation frei machen.

Man darf nie vergessen, dass Geistwesen auf einer anderen Bewusstseinsebene leben, wo Geschäfte, Geld, finanzielle Sicherheit und Partnerprobleme nicht existieren. All diese Erfahrungen sind dort nicht mehr wichtig. Für die geistige Welt hat die Entwicklung der Seele den größeren Stellenwert. Daher geben Geistwesen sehr gern Auskunft über unseren Ist-Zustand und übermitteln uns allgemeingültige Wahrheiten über dieses Erdenleben, die uns, wenn wir sie anwenden, eine reichere Zukunft bescheren können, auch finanziell. Sie möchten uns dazu bringen, über unsere eigene Lage nachzudenken und unseren Weg, falls nötig, zu korrigieren. Es ist ein allgemein gültiges Gesetz, dass einem Menschen, der in sich selbst ruht, der fröhlich und mit sich zufrieden ist, eine ganz andere Zukunft offen steht als dem ewig Unzufriedenen. Deswegen befasst sich die geistige Welt mit unserem Seelenleben, aus dem heraus wir uns selbst eine bessere Zukunft schaffen können. Geld allein macht nicht glücklich. Dieses uralte Sprichwort, das wahrscheinlich von reichen Menschen in die Welt gesetzt wurde, ist sicherlich nicht richtig, aber innere Unzufriedenheit trotz finanziellem Wohlstand macht jedes Leben schal.

Es gibt natürlich immer Menschen, die von der Not anderer profitieren möchten. Machen Sie sich nicht zur leichten Beute solcher Medien. Lassen Sie sich vor der Sitzung nicht zu sehr ausfragen. Lassen Sie sich den Geist, der Ratschläge für Sie bereit hat, genau beschreiben. Und suchen Sie sich, wenn Ihnen alles sehr dunkel und unheimlich vorkommt, ein anderes Medium.

Es besteht natürlich auch die Gefahr, dass man sich selbst betrügt, weil man unbedingt eine Verbindung mit einem ganz bestimmten Geistwesen auf der anderen Seite haben möchte und deshalb etwas in eine Nachricht hineininterpretiert, das gar nicht da war. Hören Sie also gut hin und lassen Sie sich den Geist oder die Situation genau beschreiben, damit Sie sicher sein können, dass Sie mit der Seele Kontakt haben, mit der Sie es zu tun haben möchten.

Heilendes Channeln

Beim heilenden Channeln – oft auch als Geistheilung bezeichnet – wird der Geistheiler zum Kanal für Heilungsenergien aus dem Universum, indem er diese durch sich hindurchfließen lässt und auf den Patienten überträgt. Es gibt verschiedene Formen von Geistheilung: Handauflegen, das Abtasten des Körpers, ohne ihn zu berühren, Abbeten oder Besprechen (Heilung durch Gebet), Fernheilung und andere.

Heilen durch Channeln – Geistheilung – bedeutet, die Energien des Universums zu nutzen, um die Selbstheilungskräfte des Hilfesuchenden neu zu mobilisieren sowie Verkrampfungen und emotionale Blockaden aufzulösen, damit die Lebensenergie wieder frei und ungehindert durch den Körper fließen kann.

Geistheilung kann eine große Unterstützung für die konventionelle Medizin sein, weil sie das Tor zur Seele öffnet, etwas, wofür Schulmediziner heute meist keine Zeit mehr haben. Ideal wäre es, wenn beides Hand in Hand ginge. Der Versuch, nur durch Geistheilung gesund zu werden, ist in unserer hektischen Zeit allerdings eine eher gewagte Sache – weniger weil das grundsätzlich nicht möglich wäre, sondern eher weil wir nicht gelernt haben, unseren Körper und unsere Energie zu spüren. Auch sind wir dazu erzogen worden, Krankheit nicht als Teil von uns zu betrachten, sondern vielmehr als etwas von außen Kommendes, das unbedingt bekämpft werden muss. Man schaut nach außen statt nach innen. Und natürlich muss auch die Hilfe von außen kommen: Der Arzt wird's schon richten, mit der richtigen Tablette oder der richtigen Therapie. Wir haben kein Vertrauen mehr in unsere Selbstheilungskräfte. Deshalb ziehen wir die Möglichkeit, einen Geistheiler aufzusuchen, nur in Betracht, wenn wir nicht mehr weiterwissen, der Schulmedizin nicht mehr viel abgewinnen können oder austherapiert sind. Die Schulmedizin behandelt den Körper des Menschen wie eine Art Maschine, die repariert werden muss, wenn sie nicht mehr richtig funktioniert. Geistheilung hingegen spricht die Seele an, die ihren Teil zu der Krankheit beigetragen hat, unter welcher der Körper leidet, denn Krankheit ist lediglich das äußere Symptom eines Seelenzustandes.

In England und Brasilien arbeiten Schulmediziner und Geistheiler häufig eng zusammen. Auch in der Schweiz werden Geistheiler oft eingesetzt, um die Arbeit der Schulmediziner zu unterstützen. Die auf diese Weise erzielten Erfolge sind beeindruckend.

Der Geistheiler – ein Medium für heilende Energien

Ein Heiler muss nicht unbedingt ein Medium sein, aber er oder sie sollte die Fähigkeit besitzen, heilende Energien zu empfangen und sie direkt an Hilfe suchende Personen weiterzugeben.

Das Schweizer Fernsehen strahlte kürzlich einen Bericht über eine außergewöhnliche Frau aus: Anouk Claes ist gebürtige Belgierin, lebt aber seit Jahren in Basel und arbeitet als Heilerin in der Klinik Bruderholz. Sie erzählte, dass sie »feinstoffliche Wesen« sehe. Das heißt, wie sie erklärte, dass sie Energieflüsse und Emotionen erkennen und daraus Informationen über den Gesundheitszustand des Betreffenden ableiten kann. Schon als drei- oder vierjähriges Mädchen konnte sie »fremde Wesen« wahrnehmen. Wie sie sagt, hat sie die Kommunikation mit den Geistwesen jahrelang geübt und dabei besondere Fähigkeiten entwickelt. Anders als manche andere Heiler ist sie, während sie behandelt, stets bei vollem Bewusstsein. Wenn ein Patient unter chronischen Schmerzen leidet, kann sie diese Schmerzen nach außen verlagern und den Patienten Linderung verschaffen. Anouk Claes erwartet immer, dass ihre Patienten mitmachen und ihr nicht die ganze Arbeit überlassen. Sie sagt, dass sie niemanden von sich abhängig machen will. Vielmehr versucht sie, die Selbstheilungskräfte ihrer Patienten zu mobilisieren und wirken zu lassen. Anouk Claes hat an der Universität Basel Psychologie und Theologie studiert, bevor sie sich ganz auf ihre Berufung eingelassen hat. Sie spürt die Energie der Natur und hält ihre Heilsitzungen, wann immer es geht, im Freien ab.

Ein Geistheiler heilt nie nur mit seiner eigenen Energie, denn dann würde er viel zu schnell an seine Grenzen kommen. Vielmehr channelt er die Kraft des Lebens aus einer geistigen Dimension, um momentan blockierte Energien wieder frei zu bekommen und dem Körper des Patienten eine Heilungschance zu geben. Körper und Geist bilden eine Einheit, und nur dieser Einheit ist es auf lange Sicht möglich gesund zu bleiben.

Als Kind hatte ich sehr viel Zeit in einem Krankenhaus verbracht, und da ich diese Erfahrung nicht noch einmal machen wollte, achtete ich fortan sehr auf eine gesunde Lebensweise. Ich trieb Sport und kaufte meine Lebensmittel nur im Reformhaus (Bioläden gab es damals noch nicht). Dann starb eine mir sehr nahe stehende Person an Krebs – eine Person, von der ich wusste, dass sie immer gesund gegessen hatte und auch sportlich sehr aktiv gewesen war. Doch all das hatte ihr offenbar nicht geholfen. Da wurde mir klar, dass Krankheit mehr sein musste als die Folge einer wenig gesunden Lebensweise. Dieses Mehr hat mit der Seele zu tun, die immer mit einbezogen werden muss. **Das innere oder seelische Gleichgewicht ist der wichtigste Gesundheitsfaktor im Leben eines jeden Menschen.**

Reiki

Das Wort *Reiki* bedeutet »universale Lebensenergie« und »vitale Lebenskraft«. Die »Reiki« genannte Methode ist eine aus Japan kommende Form der Geistheilung, die der Legende nach schon mehr als 2500 Jahre alt sein soll und im 19. Jahrhundert von dem christlichen Mönch Mikao Usui wiederentdeckt wurde. **Die tatsächliche Herkunft dessen, was heute als Usui-System bezeichnet wird, ist ungeklärt. Es basiert auf der Vorstellung, dass das Universum ein unerschöpfliches Energiereservoir ist und dass ein Reikimeister Energie aus diesem Reservoir durch Handauflegen zum Heilen nutzen kann.** Die Methode wird in so genannten Einstimmungen oder Initiationen von Lehrern oder Meistern an Schüler weitergegeben. Während der Initiation soll der in jedem Menschen natürlich vorhandene Reiki-Kanal von Blockaden gereinigt werden, damit die so Eingeweihten Reiki anschließend über die Hände weitergeben können.

Der in den ersten Reiki-Grad Eingeweihte kann sich selbst sowie andere Menschen, Tiere, Pflanzen und Situationen über die Hände direkt mit Reiki behandeln. Für die täglich empfohlene Selbstbehandlung wird eine bestimmte Abfolge von Handpositionen gelehrt. Außerdem wird die Reiki-Geschichte erzählt, und die fünf Lebensregeln werden weitergegeben.

Während der Initiation in den zweiten Grad werden drei Symbole vermittelt, die den Eingeweihten befähigen sollen, (1) die Kraft von Reiki zu verstärken, (2) Reiki auf der mentalen Ebene wirken zu lassen und (3) Reiki auf andere Energiefelder oder Situationen – ohne Grenze von Raum und Zeit – zu übertragen (Fern-Reiki).

Zwischen der Initiation in den zweiten Grad und der in den Meistergrad sollte mindestens ein Jahr liegen. In dieser Zeit kann der künftige Reikimeister zum Beispiel eine Ausbildung machen, die ihn befähigt, Menschen qualifiziert zu unterrichten und zu behandeln.

Im Reiki wird eine Heilung auf allen Ebenen angestrebt: Körper, Seele und Geist. Vor allem aber soll der Patient nach der Behandlung alle Aspekte seines Lebens besser begreifen können. Während der Behandlung stellt der Reikimeister eine Verbindung zwischen der »universellen Energie« und dem Empfänger her. Dann fließt die Energie beim Empfänger genau dorthin, wo sie benötigt wird, was meist zu einer tiefen Entspannung führt. Manchmal schläft der Patient sogar ein. Es kann aber auch passieren, dass plötzlich sehr heftige Gefühle, wie Trauer oder Wut, hochkommen. Psychisch labile Menschen sollten sich eine Reiki-Behandlung daher nur von einem Reikimeister geben lassen, der auch entsprechend psychologisch geschult ist. Während einer Reiki-Behandlung sind auch spontane Rückführungen in frühere Leben möglich oder mediale Erlebnisse, zum Beispiel, dass der Patient während der Behandlung plötzlich mit Geistwesen kommuniziert. Das eigentliche Ziel einer Reiki-Behandlung besteht jedoch darin, die Selbstheilungskräfte des Patienten zu mobilisieren.

Abbeten / Besprechen

Früher gab es in fast jedem Dorf jemanden, der Warzen besprechen konnte. Die betreffende Person sagte einen Spruch auf oder sprach ein Gebet, und die Warzen verschwanden. Das Abbeten bringt aber nicht nur Warzen zum Verschwinden, sondern hilft auch bei anderen Krankheiten. Hier ein alter Spruch gegen das Fieber (dreimal zu wiederholen), den ich dem Buch *Sagen aus dem Isarwinkel* von Willibald Schmidt entnommen habe:

Fieber hin, Fieber her,
Lass dich blicken nimmermehr!
Pack dich in die wilde Au!
Dies schafft dir eine alte Frau:
Sonst musst weichen in die Kuderfleck.
Wirst dann sehen, wie dir die Herberg schmeckt.

Meist wird sowohl die Gabe als auch die Methode des Abbetens innerhalb einer Familie weitergegeben. **Abbeten bedeutet, den Kranken durch Gebete von seinem Lei-**

den zu heilen, und basiert auf dem unerschütterlichen Glauben daran, dass Gebete erhört werden. Ein Abbeter erzählte mir, er spreche ganz einfache Gebete und betrachte seine Gabe als Berufung, die er einfach leben müsste.

Ich selbst habe mir eine chronische Zahnentzündung »abbeten« lassen – aus der Ferne. Interessant war, dass ich immer ganz genau wusste, wann sich der Abbeter um mich kümmerte. Dann spürte ich nämlich ein keineswegs unangenehmes Ziehen und Zerren in meinem Kiefer. Es fühlte sich an, als würde darin gearbeitet. Und tatsächlich klang die Entzündung ab.

Die richtigen Bachblüten channeln

Heilendes Channeln kann aber auch ganz anders angewendet werden, zum Beispiel bei der Auswahl von Bachblüten. Der englische Arzt Dr. Edward Bach (1886–1936) beschäftigte sich nicht nur mit den physischen Leiden seiner Patienten, sondern interessierte sich auch für deren seelische Nöte. Schon früh erkannte er, dass es einen Zusammenhang zwischen seelischen Problemen und rein körperlichen Symptomen gibt, und machte sich auf die Suche nach einer geeigneten Therapie. Im Jahr 1930 brach er eine bis dahin erfolgreiche wissenschaftliche Karriere ab, verkaufte seine Praxis in London, ging aufs

Land und beschäftigte sich bis zu seinem Tod mit der Erforschung der in Wales heimischen Pflanzen. Im selben Jahr entwickelte er seine »Sonnenmethode«, die es ihm erlaubte, unter Zuhilfenahme reiner Sonnenstrahlen die Heilkräfte wilder Blumen direkt auf frisches Quellwasser zu übertragen. Nach und nach entdeckte er die besonderen Heilkräfte von 37 Pflanzen und reinem Quellwasser (Rock Water) auf ganz bestimmte negative Seelenzustände.

Die mit Hilfe der Sonnenmethode gewonnenen Essenzen dieser nach ihrem Entdecker benannten Bach-Blüten können Sie in kleinen Fläschchen kaufen, aber wie finden Sie die im Moment für sich passende? Zum Beispiel, indem Sie alle 38 Fläschchen vor sich aufstellen und »willkürlich« eine oder mehrere auswählen. Die Essenz oder die Essenzen, die Sie aussuchen, werden Ihre innere Verfassung widerspiegeln. Dabei ist es natürlich wichtig, dass Sie die Namen auf den Etiketten beim Auswählen nicht lesen können.

Warum bin ich mir ganz sicher dass diese Hilfe aus der geistigen Welt kommt? Ich denke, wir sind uns am wenigsten über den momentanen Zustand unserer eigenen Psyche bewusst, weil man sich ja nur zu gern selbst etwas vormacht. Doch die geistige Welt, unser inneres Auge, unsere Seele weiß mehr als unser Ego. Und wenn Sie sich nun, wie in diesem Fall, mit einer Frage vor die Fläschchen setzen, channeln Sie die Impulse zur Auswahl der richtigen Blütenessenzen. Diese Art von Hilfe aus dem Universum steht immer und überall zur Verfügung und wir erkennen sie auch, wenn wir ein bisschen aufmerksam durchs Leben gehen.

Channeln – eine Reise zu sich selbst

Was bringt das Channeln und wie kann man es für sich anwenden? Das ist eine Frage, die ich mir immer wieder gestellt habe. Natürlich hilft es, wenn man Nachrichten von verstorbenen Familienmitgliedern oder Verwandten erhält und dann die Gewissheit hat, dass es ihnen gut geht. Es ist schön, wenn man sich nachträglich verabschieden kann, falls eine Trennung zu schnell und unvorhergesehen kam. Es ist interessant zu fragen, wie eine mögliche Zukunft aussieht oder ob eine verloren geglaubte Liebe zurückkommt. Solche Vorhersagen sind jedoch in keinem Fall verbindlich. Natürlich kann man einen Trend voraussagen, zum Beispiel: Wenn ich den jetzt eingeschlagenen Weg weitergehe, werde ich mit einem gewissen Ergebnis rechnen können. Doch wenn man diese Zukunft nicht will, hat man auch die Möglichkeit, sie zu verändern. Nicht immer sind wir uns bewusst, welche Kräfte in uns selbst wirken und wie sie uns helfen oder daran hindern, unseren eigenen Weg zu gehen. Mich hat vor allem interessiert, wie man das Channeln praktisch nutzen kann, um Einsichten in das eigene Leben und Handeln zu bekommen. **Wenn man eine Entscheidung trifft, gibt es immer auch eine Entscheidung, die man nicht trifft, und die ist genauso wichtig.** Da ist die Frage interessant: Was motiviert mich, den einen Weg zu gehen und nicht den anderen?

Ein Beispiel: Sie bekommen das Angebot, in Hamburg zu arbeiten, wohnen aber in Stuttgart. Nun wissen Sie nicht so recht, was Sie tun sollen. Familie und Freunde zurücklassen und sich auf ein Abenteuer einlassen oder zu Hause bleiben und möglicherweise eine gute Chance vorbeiziehen lassen? Egal, wie Sie sich entscheiden, es hat Konsequenzen für Ihr Leben. Bleiben Sie, weil Sie Angst vor dem Alleinsein oder Angst vor der Herausforderung haben? Dann sollten Sie sich vielleicht fragen, wie Sie alte Verhaltensmuster aufspüren und ändern können, wenn sie Ihnen nicht mehr gut tun. Vielleicht sind Sie aber auch der Meinung, Ihr Schicksal annehmen zu müssen, weil es so vorbestimmt ist.

Viele sehen ihr Pech auf dieser Welt als Sühne für eine mögliche Schuld, die sie sich in einem früheren Leben aufgebürdet haben. Wenn diese Menschen ein Medium nach ihrem Karma fragen, wird das Medium ihre inneren Schwingungen aufnehmen, die Leben finden, in denen sie sich etwas haben zuschulden kommen lassen, und ihre Vermutungen bestätigen. Angenommen, jemand führt jetzt ein sehr schweres Leben, hat vielleicht nie genug Geld und muss immer kämpfen. Dann ist der übliche Tenor, dass er in einem früheren Leben seine Macht missbraucht hat und dies jetzt gutmachen muss. Ich habe auch schon gehört, dass Menschen, die in diesem Leben kein Geld haben, in einem früheren Leben viel Geld hatten und jetzt einfach nicht dran sind. Und wenn jemand, dem es jetzt schlecht geht, in früheren Leben ein gütiger und hilfreicher Mensch war, dieses »Karma« angeblich schon längst abgelebt ist. Wenn Sie an Karma als Schuld glauben, wird es Ihnen vermutlich schwer fallen, schwierige Lebensphasen zu überwinden. Wir kommen auf diese Welt, um auf eine bestimmte Weise zu leben und bestimmte Erfahrungen zu machen, immer mit dem Ziel, diese Existenz zu verbessern. Das Leben ist ein kreativer Prozess, und jeder sollte versuchen, das Beste daraus zu machen und etwas Positives zurückzulassen. Wenn Sie herausfinden möchten, welche Aufgabe Sie sich für dieses Leben gestellt haben, sollten Sie überlegen, welches Hauptthema Ihr Leben bis jetzt auf der seelischen Ebene bestimmt hat. Die Methoden, die ich Ihnen in diesem Kapitel vorstellen werde, sind gute Wegweiser auf der Reise zu sich selbst.

Das Kartenlegen

Wenn Sie sich nicht mehr sicher sind, was Sie mit Ihrem Leben anfangen sollen, oder wenn Sie schlicht und einfach den Überblick verloren haben und auch Ihrem Instinkt nicht mehr trauen, können Sie die Karten zu Rate ziehen. Bei den hier abgebildeten Karten handelt es sich um Tarotkarten aus dem Rider-Waite-Deck, aber prinzipiell können Sie jede Art von Karten nehmen. Es geht darum, mit Hilfe dieser Karten die eigene Psyche, das innerste Ich zu befragen, um Auskünfte über sich selbst zu bekommen.

Während Sie die Karten legen, fragen Sie zum Beispiel: »Wie ist mein Seelenzustand?«, »Wie sieht meine Lebenssituation aus?«, »Wo verhindere ich selbst eine Lösung?«, »Wie könnte ein für mich besseres Leben aussehen?«, »Was treibt mich?«, »Was ist meine innere Motivation?«

Ihr Verstand wird Ihnen sagen, dass Sie natürlich wissen, wie es um Sie steht, dass Sie vielleicht hilflos sind, Ihre Schwierigkeiten aber annehmen müssen. Oder dass die allgemeine wirtschaftliche Lage schuld ist, der Partner, der Chef oder die Kinder. Mit dem Verstand wissen Sie genau, warum Ihr Leben nicht so ist, wie Sie es gern hätten. Aber Ihre Seele, Ihr Unterbewusstsein weiß mehr. Es kennt Ihre innersten Überzeugungen und weiß, warum Sie sich selbst so oft ein Bein stellen. Es kann Ihnen sagen, welche Emotionen zu Ihren aktuellen Lebensumständen beitragen.

Kartenlegen ist eine gute Methode, eine Verbindung zum eigenen Ich und zur geistigen Welt herzustellen. Es setzt jedoch die Bereitschaft voraus, Kanäle zu öffnen und Antworten zuzulassen. Gönnen Sie sich daher ein wenig Ruhe und Zeit, bevor Sie die Karten befragen. Schreiben Sie Ihre Fragen auf oder behalten Sie sie im Kopf. Ziehen Sie dann die Karten und beschäftigen Sie sich zunächst auf einer rein intuitiven Ebene mit den Bildern, bevor Sie die »richtigen«

Antworten in einem Buch nachschlagen. Betrachten Sie jedes einzelne Bild ganz genau. Welche Symbole sind vorrangig? Suggerieren sie Schwierigkeiten und Ängste oder eher Leichtigkeit und Glück? Während Sie die Bilder studieren, kann plötzlich eine Erkenntnis, ein Aha-Gefühl auftauchen, das Ihnen die Einsicht beschert, nach der Sie gesucht haben.

▶ **Beispiel 1**

Die Frage einer Frau lautet:

»Warum bin ich immer noch allein?«

Die Karten sagen:

Karte 1:

Wie ist die Situation?

Rad des Schicksals

Karte 2:

Was fehlt?

Königin der Münzen

Karte 3:

Seelenzustand der Fragestellerin

Der Wagen

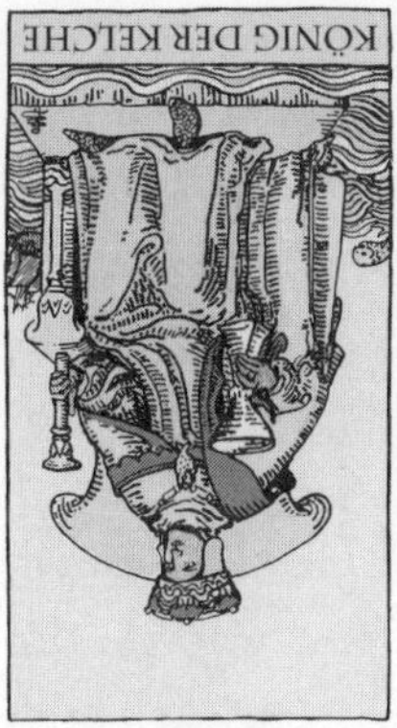

Karte 4:

Das ist das Hindernis.

König der Kelche, umgekehrt

Karte 5:

So könnte sie ihre Einsamkeit beenden.

Mäßigkeit, umgekehrt

Deutung: Die jetzige Situation der Fragestellerin scheint gefestigt. Finanziell ist sie gut abgesichert (Karte 1), aber sie wird nicht als attraktive Frau wahrgenommen (Karte 2). Ihr Seelenzustand wird durch den Wagen (Karte 3) verdeutlicht: Sie möchte ihr Leben wieder in den Griff bekommen, aber es gibt ein Hindernis (Karte 4). Man könnte meinen, dies sei eine ehemalige Beziehung mit einem emotional sehr stark manipulierenden Mann, aber Karte 5, die für die Lösung des Problems steht, erzählt etwas anderes. Mäßigkeit, umgekehrt, weist darauf hin, dass Frau Schmidt in ihrer Partnerschaft viel zu ungeduldig war und immer alles übers Knie brechen wollte. Es gab immer nur ihren Weg oder keinen. Also war sie in ihrer Partnerschaft emotional manipulierend gewesen und hat auf diese Weise versucht, den Partner zu kontrollieren und zu bekommen, was sie wollte. Wenn sie eine dauerhafte Partnerschaft möchte, muss sie ihre Einstellung dringend überdenken.

▶ Beispiel 2

Sie sind nicht wirklich glücklich, aber auch nicht wirklich unglücklich. Ihr Leben plätschert so dahin, aber eine gewisse Unzufriedenheit macht sich breit. Ihre *Frage* lautet: »Warum ist das so?«

Die Karten sagen:

Karte 1:
Wo stehe ich?
Zwei der Kelche

Karte 2:
Was fehlt?
Der Stern

Karte 3:
Wie ist mein Seelenzustand?
Fünf der Schwerter

Karte 4:	Karte 5:
Was behindert mich?	*Wie überwinde ich das Hindernis?*
Sieben der Stäbe	Der Wagen

Deutung: Karte 1 weist darauf hin, dass Sie in einer glücklichen Beziehung leben oder einen guten Partner haben. Worum Sie sich allerdings nicht kümmern, sind Ihre eigenen schöpferischen Ziele (Karte 2). Ihr Seelenzustand, repräsentiert durch Karte 3, ist ein sehr egoistischer: Das eigene Wohl geht vor. Schwierigkeiten, die Sie bekommen, weil Sie die eigene Position immer wieder verteidigen müssen, stellen eine Behinderung dar (Karte 4). Karte 5 steht für Selbstkontrolle, inneres Gleichgewicht und Disziplin – Eigenschaften, die Ihr Leben wieder lebenswerter machen können.

Die Antworten der Karten sind unparteiisch, da die geistige Welt kein Urteil abgibt. Anhand der Karten kann man auch überprüfen, ob man in seiner Entwicklung vorankommt. Angenommen, Sie fühlen sich sehr deprimiert – beispielsweise durch die Zehn der Schwerter repräsentiert. Nun sind Sie aber entschlossen, sich zu ändern und Ihr Leben selbst in die Hand zu nehmen. Dann können Sie anhand der Karten sehen, wie Ihre Entwicklung fortschreitet und ob Sie auf einem guten Weg sind. Wenn sich Ihr seelischer Zustand nicht wirklich verändert, werden die Karten, die diesen Zustand repräsentieren, immer wieder auftauchen. Kaufen Sie sich ein Kartenset, das Ihnen zusagt, und fragen Sie sich in regelmäßigen Abständen: Wo stehe ich im Moment? Auf diese Weise bekommen Sie eine Sammlung von Momentaufnahmen, die sich im Laufe der Zeit verändert – oder auch nicht.

Die Möglichkeiten des Pendels

Das Pendel ist ein sensibles Instrument, das auf die leisesten emotionalen Schwingungen reagiert. Vorbehalte, Ängste oder Anspannungen verhindern manchmal, dass man eine Frage auspendeln kann. Wenn man diese Hindernisse jedoch überwunden hat, kann man über das Pendel direkten Kontakt mit der geistigen Welt aufnehmen oder auch mit der eigenen Seele.

Normalerweise kann das Pendel nur mit Ja oder Nein antworten, aber wenn man es über einem in Segmente unterteilten Halbkreis (siehe Abbildung Seite 121) schwingen lässt, hat die geistige Welt die Möglichkeit, genauere Antworten zu geben. Wenn Sie zum Beispiel etwas über Ihre Partnerschaft wissen möchten, schreiben Sie in die Segmente: »Wir bleiben zusammen«, »Die Partnerschaft bricht auseinander«, »Wir müssen miteinander reden« und so weiter. Der Phantasie sind hier keine Grenzen gesetzt. Solche Halbkreise kann man selbst herstellen, es gibt sie aber auch zu kaufen.

Die Aura auspendeln

Manchmal sind Fragen sehr stark emotional aufgeladen und es ist schwierig zu beurteilen, ob man dem Pendel nicht doch den Schwung gegeben hat, der für die Antwort, die man hören wollte, entscheidend war. Wenn Sie in diesem Punkt unsicher sind, können Sie Ihren Seelenzustand ermitteln, indem Sie Ihre Aura auspendeln. Die Aura ist ein Energiefeld, das uns alle umgibt. Ihre unterschiedlichen Farben, die sich mit den Emotionen verändern, spiegeln den jeweiligen seelischen Zustand recht gut wider.

Ein Beispiel: Sie stehen vor der Entscheidung, ob Sie nach Hamburg gehen sollen oder nicht. Sie fragen das Pendel, und es sagt nein. Jetzt pendeln Sie Ihre Aura aus: Grau und negative Blautöne. Diese Farben stehen für Angst und Einsamkeit. Das lässt darauf schließen, dass Ihre Ängste eine neutrale Antwort nicht durchkommen lassen. Wählen Sie eine andere Methode der Befragung, zum Beispiel mit Karten.

Wie pendelt man die Aura aus? Kopieren Sie den hier abgebildeten Halbkreis, halten Sie das Pendel ganz ruhig darüber und fragen Sie: »Welche Farbe hat meine Aura im Moment?« Nachdem das Pendel eine Farbe angezeigt hat, fragen Sie, ob diese Farbe negativ oder positiv ist. Das machen Sie so lange, bis sich das Pendel nicht mehr bewegt.

▶ Die Farben der Aura

	positiv	negativ
Rot	Entschlusskraft, Lebensmut, Lebensfreude, sexuelle Energie	Ärger, Zorn, Rachsucht, Streitsucht
Orange	Heilkraft, Gesundheit, Courage, Strebsamkeit	Ich-Bezogenheit, Stolz, Selbstgefälligkeit
Gelb	Klugheit, gutes Denkvermögen, Vernunft	Selbstsüchtigkeit, Überheblichkeit
Grün	Freundlichkeit, Harmonie, Anpassungsfähigkeit	Eifersucht, Herzlosigkeit
Blau	innere Ruhe, Aufrichtigkeit	Einsamkeit, Mutlosigkeit
Violett	Spiritualität, Feinfühligkeit	Irrationalität, Unvernunft
Rosa	Nächstenliebe, Fürsorge	Weltschmerz, Unbesonnenheit
Braun	Fleiß, Ordnungsliebe	Geiz, Ehrgeiz, Egoismus
Grau		Angst, Niedergeschlagenheit, Depression

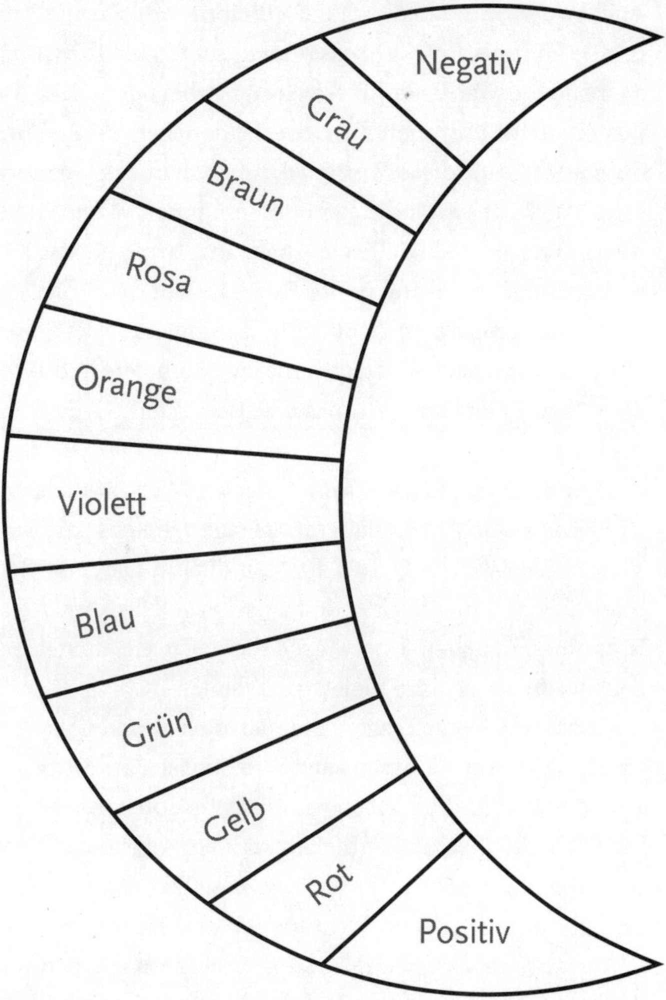
Negativ
Grau
Braun
Rosa
Orange
Violett
Blau
Grün
Gelb
Rot
Positiv

Auch wenn Sie auf die Frage »Bleibt mein Partner bei mir?« ein Ja als Antwort bekommen, sollten Sie Ihre Aura auspendeln. War Grau für Angst mit dabei oder ein schönes Blau für Aufrichtigkeit oder ein negatives Rot für Streitsucht? Auf diese Weise bekommt man sehr interessante Auskünfte über die eigenen Emotionen. Wenn Grau dabei war, haben Sie vielleicht Angst, Ihr Partner könne Sie verlassen; oder Sie sind in der Partnerschaft deprimierter, als Sie sich eingestehen wollen. Dann sollten Sie die Frage ein paar Tage später noch einmal wiederholen und sich über Ihre Einstellung zu dieser Partnerschaft Gedanken machen.

Menschen fragen auch immer wieder: »Wie spirituell bin ich?« Die ideale Antwort auf diese Frage wäre ein positives Violett. Aber welche Farben sind wirklich in der Aura? Ist man vielleicht zu ehrgeizig und zu selbstgefällig (negatives Braun und Orange)? Überwiegen die positiven Aurafelder, auch wenn das positive Violett ganz fehlt?

Es gibt unzählige Fragen, die man stellen und über das Pendel beantworten lassen kann. Wichtig ist, dass Sie beim Pendeln durchlässig bleiben wie ein Rohr, durch das die Informationen ungehindert fließen können. Ängste und Vorurteile sind Hindernisse, die den Lauf der emotionalen Energie in eine falsche Richtung lenken. Es braucht viel Übung, ein wirklich neutraler Kanal zu werden und richtige Antworten zu channeln, auch wenn es auf den ersten Blick ganz einfach zu sein scheint.

Durch Pendeln herausfinden, was gut tut

Es heißt zwar, man müsse regelmäßig Nahrungsergänzungsmittel einnehmen, weil unsere Nahrung angeblich nicht mehr genügend Vitamine und Spurenelemente enthält. Auch stehen wir manchmal so sehr unter Stress, dass wir beispielsweise mehr Vitamin B benötigen oder – und das gilt vor allem für ältere Menschen – mehr Calcium und Magnesium. Andererseits wird gesagt, dass der Körper aufhört, selbst Vitamine zu produzieren, wenn sie ihm ständig von außen zugeführt werden. Was soll man glauben? Was braucht man wirklich?

Schreiben Sie die Namen von Vitaminen und Spurenelementen in die Segmente des oben beschriebenen Halbkreises und pendeln Sie aus, was Ihnen wirklich fehlt. Pendeln Sie außerdem täglich über den verschiedenen Vitaminen aus, welche davon Sie an diesem Tag brauchen. Ihr Körper kann Ihnen auf diese Weise mitteilen, was im gut tut, und Sie können Ihre Vitamine entsprechend dosieren.

Das Pendel und Ihre Pflanzen

Sie können das Pendel auch für Ihre Pflanzen einsetzen – im Zimmer, auf dem Balkon, auf der Terrasse oder im Garten. Während Sie das Pendel über die Pflanze halten, können Sie diese zum Beispiel fragen, ob sie Wasser braucht oder gedüngt werden will. Bei Balkonpflanzen kann man sich erkundigen, ob sie bei starkem Regen lieber im Zimmer stehen möchten. Sie können fragen, ob Ihre Pflanzen zu viel oder zu wenig Sonne bekommen oder ob sich verschiedene Pflanzen in einem Topf vertragen. Die Möglichkeiten sind unbegrenzt. Wenn Sie vorher festgelegt haben, was bei Ihrem Pendel Ja und was Nein bedeutet, können Sie sich auf diese Art mit Ihren Pflanzen unterhalten. Das ist eine hervorragende Methode für Menschen, die sich mit Pflanzen schwer tun und nicht gerade einen grünen Daumen haben. Alles hat Bewusstsein, auch Ihre Pflanzen, und auf diese Weise channeln Sie praktisch die Gedanken und Bedürfnisse Ihrer Pflanzen.

Die Chakren – Tore für die kosmische Energie

Als Chakren bezeichnet man die Verbindungsstellen zwischen dem physischen Körper und der Seele des Menschen. Über die Chakren soll der Mensch jene kosmischen Energien empfangen, die ihm seine Lebenskraft geben. In alten indischen und tibetischen Texten ist von 72 000 bis 350 000 solcher Energiezentren die Rede. Sieben davon, die entlang der Wirbelsäule liegenden Hauptenergiezentren, sind mittlerweile auch bei uns allgemein bekannt. Das Wort *Chakra* kommt aus dem Sanskrit und bedeutet *Rad* oder *Kreis*, denn wenn die Chakren geöffnet sind, befinden sie sich in ständiger kreisender Bewegung. Dann sind ihre Farben klar, und sie leuchten stark. Einen Menschen, bei dem alle sieben Hauptchakren vollständig geöffnet sind, so dass die Lebensenergie ungehindert fließen kann, bezeichnet man im Hinduismus und im Buddhismus als »erleuchtet«.

Jedem der sieben Hauptchakren werden bestimmte Bereiche des Körpers und bestimmte seelisch-geistige Vorgänge zugeordnet. Blockaden in den Chakren könnten sich daher sowohl auf der physischen als auch auf der psychischen Ebene auswirken. Ziel jeder energetischen Heilung muss es also sein, die Chakren zu harmonisieren und vorhandene Blockaden aufzulösen, damit die Lebensenergien wieder fließen können. Dies kann man mit Hilfe verschiedener Methoden, wie Yoga, Reiki oder Meditation, erreichen, aber auch mit Bachblüten. Die folgende Liste gibt Ihnen einen Überblick darüber, welche Bachblüten für welches Chakra hilfreich sein können.

Chakra	**Lage**	**Qualität**	**Bachblüten**
Wurzelchakra	am Ende der Wirbelsäule	Überleben, Instinkte, Urvertrauen, Stabilität, Durchsetzungsfähigkeit	Clematis, Sweet Chestnut, Rock Rose
Sakral- oder Sexualchakra	im Unterbauch	Sexualität, Gefühle, Kreativität, Erotik, Begeisterungsfähigkeit	Oak, Olive, Pine
Solarplexus-Chakra	zwei Finger breit über dem Nabel	Wille, Macht, Persönlichkeit, Weisheit, Verarbeitung der Erlebnisse, Gefühle	Impatiens, Scleranthus, Hornbeam

Chakra	Lage	Qualität	Bachblüten
Herzchakra	auf Höhe des Herzens	Beziehung, Liebe, Mitgefühl, Herzenswärme, Heilung	Red Chestnut, Willow, Chicory
Hals- oder Kehlkopfchakra	am Kehlkopf	Ausdruck, Kommunikation, Inspiration, Offenheit	Agrimony, Cerato, Mimulus
Stirnchakra oder Drittes Auge	zwischen den Augenbrauen	Wahrnehmung, Intuition, Erkenntnis, Willenskraft	Crab Apple, Vine, Walnut
Kronen- oder Scheitelchakra	auf dem Scheitel des Kopfes	Spiritualität, Bewusstheit, universelles Bewusstsein, höchste Erkenntnis	Wild Rose, White Chestnut

Wenn Sie durch Pendeln herausfinden möchten, ob Ihre Chakren blockiert sind, schreiben Sie die Namen der Chakren in die Segmente des Halbkreises (siehe Seite 121), die jetzt natürlich größer ausfallen, weil es nur sieben Chakren sind, und pendeln jedes Chakra einzeln aus. Nachdem Sie ein blockiertes Chakra ausfindig gemacht haben, können Sie mit dem Pendel erfragen, ob die zugeordneten Bachblüten in diesem Fall hilfreich wären.

Selbsterforschung mit dem Ouija Brett

Das Ouija Brett ermöglicht einen sehr viel näheren und direkteren Kontakt mit der geistigen Welt als die Karten oder das Pendel. Wie schon auf Seite 40 f. beschrieben, setzt man sich zu mehreren oder allein an das Brett und bittet einen Geist sich zu melden. Wenn man schon öfter mit dem Ouija Brett gearbeitet hat und über die anfänglichen Fragen und Antworten hinaus ist, kann man den herbeigerufenen Geist die persönlichsten Dinge fragen. Das fühlt sich an wie »richtiges« Channeln, weil die Planchette von einer unsichtbaren Energie über das Brett bewegt wird.

Bevor Sie mit einer Sitzung beginnen, sollten Sie innerlich ruhig werden und sich konzentrieren. Atmen Sie tief ein und aus. Lauschen Sie Ihrem Atem und verfolgen Sie im Geiste, wie er in andere Sphären aufsteigt. Konzentrieren Sie sich ganz auf Ihren Atem. Im Alpha-Zustand ist es leichter auf Empfang zu gehen. Jeder, der an der Sitzung teilnimmt, legt seine Fingerspitzen auf die Planchette, aber nur ganz leicht, damit die Energie in die Planchette fließt, diese sich aber trotzdem frei bewegen kann. Die Fingerspitzen folgen der Planchette (so sollte es sein, nicht umgekehrt).

Fragen Sie nun in den Raum, ob sich jemand mit Ihnen in Verbindung setzen will. Wenn ja, wird sich die Planchette nach einiger Zeit rühren und auf Ja oder Nein zubewegen. Wenn sie auf Ja stehen bleibt, fragen Sie, mit wem Sie es zu tun haben, und, wenn Sie wollen, ob es ein guter oder ein negativer Geist ist. Wenn die Planchette auf Nein stehen bleibt, machen Sie eine Pause und versuchen es vielleicht eine halbe Stunde später noch einmal. Wenn wieder ein Nein kommt, sollten sich die Teilnehmer fragen, mit welcher Einstellung jeder Einzelne dieser Sitzung beiwohnt, und die Sitzung auf einen anderen Tag verlegen. Unvoreingenommenheit und Offenheit ist Voraussetzung für einen guten Empfang. Am Ouija Brett findet ein direkter Dialog mit Geistwesen statt, ohne dass der oder die Teilnehmer in einen tranceähnlichen Zustand versetzt werden müssen. Die Teilnehmer müssen allerdings bereit sein, zum offenen Kanal für die geistigen Wesen zu werden.

Durch das Ouija Brett kann man sehr viel über die eigene Seele und die eigene Motivation erfahren. Man kann zum Beispiel fragen, warum man seine Ziele nicht erreicht und was einen aufhält.

Beispiel: In einer Sitzung wurde gefragt, warum eine der Teilnehmerinnen so viele Probleme hat. Die Antwort lautete: Zorn. Das traf den Nagel auf den Kopf. Die Teilnehmerin musste sich eingestehen, dass Zorn oder Wut tatsächlich eine treibende Kraft in ihrem Leben war, aber sie hatte sich einfach noch keine Gedanken darüber gemacht, wie negativ sie davon beeinflusst wurde.

Man kann über das Ouija Brett auch nach einem Arzt fragen, wenn man eine Gesundheitsfrage stellen möchte, oder einen Wirtschaftsfachmann, wenn es um Finanzen geht.

Beides ersetzt keine Konsultation auf der irdischen Ebene, eröffnet aber vielleicht interessante neue Perspektiven.

Schreiben Sie alles, was in diesen Sitzungen gesagt wurde, mit Datum auf. So behalten Sie den Überblick darüber, mit wem Sie geredet haben, wie oft sich derselbe Geist gemeldet hat, welche Antworten hilfreich waren und was eingetroffen ist (wenn es Antworten auf die Zukunft betreffende Fragen gab). Vergleichen Sie auch Fragen und Antworten. Manchmal stellt man die Frage falsch und bekommt deshalb auch eine falsche Antwort. Grundsätzlich gilt, hier wie auch sonst im Leben: Je präziser die Frage, desto präziser die Antwort.

Automatisches Schreiben, wie funktioniert das?

Das automatische Schreiben bietet eine sehr viel intimere Möglichkeit zur Kontaktaufnahme mit der geistigen Welt. Hier können Sie alles fragen, denn niemand hört Ihnen zu, außer dem Universum natürlich. Kürzlich habe ich folgenden Dialog aufgeschrieben:

MEINE FRAGE: »Ich bitte um Antwort oder eine Aussage zum Thema Karma. Liege ich mit meinem Denken auf dem Holzweg?«
»Du liegst nie auf dem Holzweg, du schreitest darüber. Karma ist wie Sünde. Kaum habt ihr die

Sünde abgelegt, legt ihr euch Karma an. Es ist eine Zwangsjacke, in die ihr euch steckt, weil ihr dann wieder keine eigene Entscheidung treffen müsst. Erst sucht ihr euer Karma, dann arbeitet ihr es ab, aber dann seid ihr eurem Karma wahrlich erlegen. Ihr schafft selbst eure Lebenssituation, weil ihr der festen Ansicht seid, ihr könnt etwas daraus machen, etwas Schönes, Erbauliches, etwas, das der Welt Freude schenkt. Stattdessen versinkt ihr in eurem eigenen Griesgram. Es ist sicherlich euer Karma zu uns zurückzukommen, wo wir uns freuen, wenn ihr wieder da seid, unwichtig ob ihr euer Leben gut oder weniger gut gemeistert habt. Wir schenken euch Vertrauen. Vertraut euch selbst mehr.«

FRAGE: »Kann ich das veröffentlichen?«

»Ja, mit unserem guten Willen.«

Über das automatische Schreiben kann man sich auch mit seinem geistigen Begleiter, Schutzengel, unsichtbaren Ratgeber oder Helfer in Verbindung setzen. Man kann ganz allgemeine Fragen über das Leben stellen und Antworten erhalten, die für den eigenen Lebensweg hilfreich sind.

Beachten Sie bitte folgende Hinweise, bevor Sie mit dem automatischen Schreiben beginnen:

1. Sie müssen innerlich bereit sein, eine unbekannte Energie durch Ihren Arm fließen zu lassen.
2. Setzen Sie sich an einen ruhigen Ort, wo Sie auf keinen Fall gestört werden.
3. Nehmen Sie einen Kugelschreiber oder Bleistift, der mühelos über das Papier gleitet.
4. Halten Sie den Stift relativ locker zwischen Daumen und Zeigefinger.
5. Werden Sie innerlich ruhig, indem Sie langsam ein- und ausatmen, bis Sie spüren, dass Sie ganz entspannt sind.
6. Stellen Sie eine Frage und schreiben Sie sie auf.
7. Es kann eine Weile dauern, bis sich Ihre Hand von allein bewegt. Haben Sie Geduld.
8. Das Schreiben sollte flüssig sein und Sie sollten nicht nach Worten suchen oder über den Sinn des Geschriebenen nachdenken müssen.

Wenn der Text da steht, fragt man sich natürlich, ob man das selbst verfasst hat oder ob man tatsächlich mit einem geistigen Wesen in Verbindung stand. Es kann schon sein, dass die ersten Sätze eigenen Vorstellungen entsprechen, aber irgendwann bekommt das Schreiben eine Eigendynamik, die nichts mehr mit dem Ego zu tun hat.

Und was, wenn man mit einem Bleistift oder Kugelschreiber vor einem leeren Blatt sitzt und nichts geschieht? In diesem Fall schlage ich vor, dass Sie zunächst eine unverfängliche Frage stellen, zum Beispiel: »Wie wird das Wetter morgen?« Schreiben Sie einen Wetterbericht ohne darüber nachzudenken. Wenn Sie Ihren »Wetterbericht« anschließend noch einmal durchlesen, fällt Ihnen vielleicht auf, dass er einige Formulierungen enthält, die Sie normalerweise nicht gebrauchen. Und dann überprüfen Sie Ihren Wetterbericht. Wie oft war er richtig? Eine solche Übung baut Hemmungen ab und schärft die Intuition.

Wenn Sie Antwort bekommen, können Sie fragen, wer sich da mit Ihnen in Verbindung setzt und wo und wann dieser Geist gelebt hat. Oft gibt er sich sofort zu erkennen, und in vielen Fällen melden sich verstorbene Familienmitglieder. Nach einer Weile sieht man schon an der Schrift, mit wem man gerade wieder »korrespondiert«. Ich persönlich bekomme immer eine Unterschrift und erkenne auch an der Schrift und an der Wortwahl, wer hier durch mich schreibt.

Sie müssen übrigens nicht immer die geistige Welt ansprechen, sondern können sich auch mit Ihrem Unterbewusstsein unterhalten und auf diese Weise etwas über die wahren Ursachen Ihrer Probleme erfahren. Fragen Sie sich zum Beispiel, warum Sie so unmotiviert sind, falls dies der Fall sein sollte, oder woher Ihre Müdigkeit kommt. Bringen

Sie Ihre Frage immer zu Papier und schreiben Sie das Datum dazu, damit Sie auch später noch nachvollziehen können, wann Sie was gefragt haben und wie sich die Korrespondenz entwickelt hat. Setzen Sie sich nicht unter Erfolgsdruck. Wenn Sie trotz aller Bemühungen nur Buchstaben malen und nicht vorankommen, warten Sie ein paar Tage ab, bevor Sie es noch einmal versuchen. Wenn die Nachricht Sie erschreckt, hören Sie sofort auf und legen eine Pause ein.

Beim automatischen Schreiben stellt man einen sehr intimen Kontakt mit sich selbst und der geistigen Welt her, und meiner Erfahrung nach ist dies ein unglaublich liebevoller Kontakt.

Wie aktiviere und nutze ich meine medialen Fähigkeiten?

Es gibt natürlich begabte Medien, also Menschen, die von Geburt an in der Lage sind, geistige Wesen zu sehen, zu hören oder zu fühlen oder auch mit mehreren Sinnen gleichzeitig wahrzunehmen. Über solche Begabungen verfügen die meisten von uns nicht. Viele können auch nichts mit Karten, dem Ouija Brett oder anderen Hilfsmitteln zur Kontaktaufnahme mit der geistigen Welt anfangen und wollen es auch nicht, und doch channeln auch »unbegabte« Menschen öfter als sie denken und mehr als sie wissen.

Spontane Impulse

Kennen Sie jene spontanen inneren Impulse, die Sie plötzlich drängen, zum Beispiel eine bestimmte Zeitung zu kaufen, sich an einen bestimmten Ort zu begeben, etwas Bestimmtes zu sagen oder zu tun – ohne auch nur einen Moment darüber nachzudenken? Sie wollen zum Beispiel in Urlaub gehen und suchen verzweifelt nach jemandem, der Ihr Haustier versorgt, aber keiner Ihrer Nachbarn hat Zeit. Da treffen Sie *zufällig* eine Bekannte, die *zufällig* die Adresse einer preiswerten Tierpension weiß. Oder Sie hören *zufällig* mit, was ein Fremder in der U-Bahn sagt, und wissen: Das ist die Lösung! Sie schalten *zufällig* den richtigen Fernsehsender ein, lesen *zufällig* den richtigen Artikel in der Zeitung, haben *zufällig* einen Geistesblitz. Das alles sind keine zusammenhanglosen Zufälle, aber wir halten sie dafür, weil wir uns nicht mehr völlig selbstverständlich als Teil eines Ganzen betrachten – als Teil der realen *und* der geistigen Welt. Und leider verstehen wir diese inneren »Schubser« auch nicht mehr als wirkliche Hinweise. Vielmehr kommen wir ins Grübeln, überlegen, ob wir der inneren Stimme folgen sollten oder nicht. Und wenn man eine Idee umsetzen will, die nicht in das gewohnte Bild passt, und der Mann, die Frau, der Partner, die Freundin, der Kollege sagt, da mache man sich doch wohl was vor, lässt man es oft wieder.

Impulse sind Antworten auf Fragen, die wir uns innerlich stellen, wie zum Beispiel: »Wie kann ich mein Leben verbessern?«, »Wie kann ich schlank werden?«, »Wie kann ich erfolgreich werden?«. Nun kommen Impulse nicht immer unbedingt so, wie wir es erwarten. Ein Beispiel:

Eine fünfundsechzigjährige Dame suchte händeringend nach einer Verdienstmöglichkeit, weil ihre Rente viel zu klein war, um ihren Lebensstandard zu halten. Sie dachte keinen Moment über ihr Alter nach, sondern nur über Möglichkeiten, das dringend benötigte Geld zu verdienen. Nachdem sie sich eine ganze Weile intensiv mit diesem Problem beschäftigt hatte, rief eines Tages eine Bekannte bei ihr an und machte sie auf eine Annonce aufmerksam, die sie *zufällig* an diesem Tag in der Zeitung gesehen hatte. Sie rief aufs Geratewohl in dem angegebenen Büro an und fand dort genau den Job, den sie sich vorgestellt hatte. Sie ist natürlich die Älteste in diesem Büro, aber weil sie sich nicht alt fühlt, fällt es ihren Kollegen auch nicht auf.

Barrieren im Außen sind immer ein Resultat unserer Vorstellungen davon, was machbar ist und was nicht. Aber unbewusst konzentriert sich der Mensch nicht nur auf diese Welt, sondern hat auch so etwas wie eine innere Satellitenschüssel, mit der er ständig Nachrichten aus der geistigen Welt empfängt. Viele Menschen sind dauerhaft unzufrieden, weil sie wissen, dass sie eigentlich etwas in ihrem Leben verändern sollten. Sie fühlen diesen Impuls, aber sie vertrauen ihm nicht, und schließlich ignorieren sie ihn einfach. Stellen Sie sich das so vor: Gedanken, Emotionen und Gefühle sind Energien, die nach vorn, nach hinten, zur Seite, nach oben und nach unten wandern. Sie können gehen, wohin wir sie auch schicken. Sie durchwandern unsere Gegenwart oder kommen aus der Zukunft oder der Vergangenheit zu uns. Und immer und überall suchen sie nach Lösungen für unsere Probleme, die sie dann in Form von Geistesblitzen, Eingebungen oder Zufällen an uns weitergeben.

Kürzlich erzählte mir eine junge Frau: »Ich folge meinen Impulsen oft, aber es hat mir nur Probleme gebracht.« Wie weiß man, welcher Impuls hilfreich ist? **Bei einem Impuls, der emotional gesteuert ist, der also bewirkt, dass Sie Ihre Entscheidung sozusagen unter emotionalem Druck treffen, handelt es sich nicht um einen echten Impuls. Ein Impuls, der aus der geistigen Welt kommt, lässt keinen Zweifel aufkommen. Man weiß einfach, dass er richtig ist.**

Beta, Alpha und noch mehr – die Aktivität unseres Gehirns

Die Aktivität des Gehirns wird über elektrische Ströme, die so genannten Gehirnströme gemessen, und zwar in Hertz (Hz) auf einer Skala von 0 bis 35. Normalerweise befindet sich unser Gehirn im *Beta-Zustand.* Das heißt, die Gehirnströme schwingen mit einer Frequenz von etwa 30 bis 13 Hz (Schwingungen pro Sekunde). Im Beta Zustand lösen wir unsere alltäglichen Probleme.

Im *Alpha-Zustand* schwingen die Gehirnströme mit 12 bis 8 Hz. Das bedeutet eine gesteigerte Aufmerksamkeit und Konzentration, erhöhte Lern- und Merkfähigkeit, bis hin zu einem Gefühl der Einheit von Körper und Geist. In diesem Zustand ist man entspannt und ausgeglichen, aber dennoch energetisiert und wach. In diesem Zustand sind die meisten Menschen, wenn sie channeln.

Der *Theta-Zustand* ist durch eine Frequenz von 7 bis 4 Hz definiert. Es ist ein meditativer Zustand. Tiefe Entspannung, gesteigerte Kreativität sowie stark angeregte Imagination beziehungsweise ein leichter Zugang zu einer reichen Bilderwelt sind seine Kennzeichen. Wir erleben diesen Zustand im Schlaf und in tiefer Meditation. Da sich gewohnte Wahrnehmungsmuster in diesem Zustand auflösen können, ist man zwar noch nicht hypnotisiert, aber so entspannt, dass man seinen Körper innerlich völlig loslassen kann und dadurch andere Dimensionen erreicht. Bei Menschen, die sich im Theta-Zustand befinden, kann man auch Rückführungen machen.

Delta-Zustände (3 bis 1 Hz) sind Zustände tiefster Entspannung. Sie werden nur selten wahrgenommen, denn wir erleben sie nur im Tiefschlaf, in Trance oder in Tiefenhypnose. Außerkörperliche Erfahrungen werden häufig im Delta-Zustand gemacht.

Wege in den Alpha-Zustand

Viele Menschen fragen sich, wie sie ihr Leben verbessern und ihr gefühltes Elend überwinden können. Damit ist meist kein materielles Elend gemeint, sondern eher ein seelisches oder psychisches. Man ist unzufrieden, ahnt, dass das Leben irgendwie reicher sein könnte, traut sich aber nicht, mehr daraus zu machen. In so mancher stillen

Stunde fragt man sich vielleicht: »Ist wirklich nicht mehr für mich da? Ist dieser Alltagstrott, dieses tägliche Einerlei wirklich der Sinn meines Lebens?«

Indem Sie sich solche Fragen intensiv stellen, öffnen Sie bereits Türen nach innen, zu Ihrer Psyche und zu Ihrer Seele. Und wenn Sie diese Fragen im Alpha-Zustand stellen, gehen diese Türen noch sehr viel weiter auf, und die Verbindung wird noch intensiver. Es gibt verschiedene Möglichkeiten, in den Alpha-Zustand zu gelangen. Einige möchte ich Ihnen nun vorstellen.

Entspannungsübungen

Jeder, der schon einmal Autogenes Training gemacht hat, kann sich in den Alpha-Zustand versetzen. Wenn Sie noch nie Entspannungsübungen gemacht haben, versuchen Sie es gleich jetzt mit den folgenden Übungen.

▶ ÜBUNG 1

Legen oder setzen Sie sich ganz bequem auf eine Couch oder ein Bett. Achten Sie darauf, dass Sie ungestört sind und sich wohl fühlen.

Stellen Sie sich nun vor, wie Ihr linkes Bein schwerer und schwerer wird und immer mehr in der Unterlage versinkt. Konzentrieren Sie sich etwa zwei Minuten lang ganz auf Ihr linkes Bein.

Konzentrieren Sie anschließend genauso lang und intensiv auf Ihr rechtes Bein und stellen Sie sich dabei vor, wie alle Spannungen durch Ihre Beine aus dem Körper fließen.

Dann wandern Sie in Ihrer Vorstellung nach oben, entspannen Ihren Bauch und Ihre Brust und gleiten mit den Gedanken in Ihren rechten Arm. Wenn dieser schwer auf der Couch liegt, wandern Sie zu Ihrem linken Arm. Dabei atmen Sie regelmäßig und ruhig. Anschließend entspannen Sie Ihren Hals und Ihr Gesicht. Lassen Sie die Gesichtszüge einfach fallen.

Wenn Sie bei Ihrem Kopf angekommen sind, stellen Sie sich einen Zug vor, in den Ihre Gedanken einsteigen und der sie vorübergehend mitnimmt. Jetzt ist Ihr Kopf leer und Sie sagen zu sich selbst: »Ich steige im Geist in die Höhe, bis Vergangenheit, Gegenwart und Zukunft zu einem großen Bild verschmelzen und mir eine neue Einsicht der Dinge zuteil wird.« Dieser Satz stammt aus dem Buch *Kraftzentrale Unterbewusstsein* von Erhard Freitag. Man kann ihn in vielen mentalen Übungen einsetzen und auch noch erweitern.

Wenn Sie völlig entspannt sind, sehen Sie entweder geradeaus in Ihre Gegenwart, nach links in Ihre Vergangenheit oder nach rechts in Ihre Zukunft. Schauen Sie sich alles in Ruhe an.

Bleiben Sie bei dieser Übung so lange Sie möchten, wenn möglich mindestens zehn Minuten.

Zum Abschluss lassen Sie Ihre Energien gedanklich wieder zurück in Ihren Körper fließen, durch die Beine und durch die Arme. Dann strecken Sie sich und fühlen sich wohl.

Sie können die Anleitung für diese Entspannungsübung auch auf Tonband sprechen und das Band ablaufen lassen, während Sie die Übung machen.

▶ **Übung 2**

Man kann sich aber auch in den Alpha-Zustand versetzen, indem man von 100 bis 1 rückwärts zählt (vgl. José Silva: *Silva Mind Control*, Heyne, 1997). Konzentrieren Sie sich mindestens zwei Sekunden lang auf jede Zahl. Atmen Sie dabei langsam und gleichmäßig ein und aus. Machen Sie diese Übung mindestens zwei Wochen lang. Dann verkürzen Sie sie. In der folgenden Woche zählen Sie von 50 bis 1, in der nächsten von 25 bis 1, in der übernächsten von 10 bis 1 (jeweils eine Woche lang). Wenn Sie dies eine Zeit lang gemacht haben, werden Sie in den Alpha-Zustand versetzt, sobald Sie mit dem Zählen anfangen.

▶ **Übung 3**

Atmen Sie langsam und regelmäßig ein und aus, ungefähr zehn Mal. Konzentrieren Sie sich ausschließlich auf Ihren Atem. Spüren Sie, wie er in Ihren Körper ein- und wieder aus ihm hinausströmt. Spüren Sie Ihren Atem in Ihrem Bauch, in Ihrer Brust. Versuchen Sie, eins mit Ihrem Atem zu werden. Sagen Sie sich, dass Ihr Körper völlig entspannt ist und Ihr Geist hellwach.

Dies sind nur drei von vielen Entspannungsmethoden, mit denen Sie den Alpha-Zustand oder eine tiefere Trance erreichen können. Nutzen Sie die Methode, mit der Sie sich am wohlsten fühlen.

Visualisieren

Unter Visualisieren versteht man das Produzieren und Sehen von inneren Bildern. Wenn Sie noch nie eine Visualisierungsübung gemacht haben, fangen Sie am besten ganz einfach an.

▶ Übung · Das Visualisieren üben

Stellen Sie sich eine große Kinoleinwand vor. Auf diese Leinwand projizieren Sie eine Stehlampe. Schauen Sie sich diese Lampe genau an. Welche Farbe hat der Lampenschirm? Welche Farbe hat das Gehäuse? Denken Sie sich in die Lampe hinein. Wie fühlt sich das an? Knipsen Sie das Licht an und aus.

Statt der Lampe können Sie auch jeden anderen Gegenstand auf die Leinwand projizieren. Es kommt nur darauf an, dass Sie sich ausschließlich auf diesen Gegenstand konzentrieren. Nach und nach wird das Bild immer schärfer, genauer und lebendiger, und Sie können sich immer besser konzentrieren.

▶ Übung · Probleme lösen

Wieder stellen Sie sich die große Kinoleinwand vor, aber nun projizieren Sie Ihre gegenwärtige Situation darauf. Schauen Sie genau hin. Was sehen Sie? Welche Emotionen werden hochgeschwemmt? Sind Sie traurig? Müssen Sie lachen?

Gehen Sie im Geist um sich herum und betrachten Sie sich von allen Seiten. Gefällt Ihnen, was Sie sehen? Was gefällt Ihnen? Was gefällt Ihnen nicht an Ihrer Situation. Warum nicht?

Fehlt etwas in Ihrem Leben? Betrachten Sie Ihr Leben wie ein Theaterstück, das Sie inszeniert haben. Wie gut waren Sie bis jetzt als Regisseur Ihres Lebens?

Schalten Sie nun um zur nächsten Szene. Das Problem existiert nicht mehr. Sie haben es gelöst. Sie haben erreicht, was Sie wollten. Alle Schwierigkeiten sind überwunden. Was immer Sie in Ihrem Leben erreichen möchten – stellen Sie es sich in dieser Szene erledigt, erreicht, getan vor. Gehen Sie ganz in Ihre Gefühle hinein. Spüren Sie Ihr Glück, Ihren Erfolg so intensiv wie möglich. Gratulieren Sie sich, dass Sie durchgehalten haben. Schenken Sie sich Zuneigung und Liebe. Versuchen Sie, diesen Zustand mit allen Sinnen zu erfassen.

Indem Sie sich das, was Sie sich wünschen, so vorstellen, als sei es bereits Wirklichkeit geworden, und es mit allen Sinnen erleben, setzen Sie Mechanismen in Gang, die Ihre Wünsche tatsächlich wahr werden lassen. Das Allerwichtigste beim Visualisieren ist, dass Sie erwarten, ja sogar selbstverständlich davon ausgehen, dass sich Ihre Vorstellung realisiert. Das mag anfangs nicht einfach sein, weil sich Ihr Verstand einschaltet und Sie sich nicht konzentrieren können oder mit inneren Widerständen zu kämpfen haben. Erzwingen Sie nichts, aber geben Sie auch nicht zu früh auf. Ausdauer lohnt sich. Es ist noch kein Meister vom Himmel gefallen, und auch das erfolgreichste Medium muss üben, üben und immer wieder üben. Daher möchte ich Ihnen noch eine einfache Konzentrationsübung vorstellen.

▶ **Übung · Konzentrationsübung**

Stellen Sie eine brennende Kerze auf einen Tisch, setzen Sie sich in etwa zwanzig Zentimeter Entfernung davor und schauen Sie ein paar Minuten lang in die Flamme. Versuchen Sie es anfangs mit einer Minute, später mit zwei oder mehr. Denken Sie an nichts, konzentrieren Sie sich nur auf das Licht der Kerze. Bewundern Sie die Flamme. Erkennen Sie die Farben, sehen Sie die Wärme des Lichts. Versuchen Sie, eins mit der Flamme zu werden. Wie fühlt sich das an? Wenn Ihre Gedanken zu wandern beginnen, geben Sie sich noch ein paar Sekunden und hören dann auf.

Der Berg der Unendlichkeit

Im meditativen Alpha-Zustand sind wir, anders als in unserem Alltagsleben, nicht an Zeit und Raum gebunden. Sie können frei durch die Weiten des geistigen Universums reisen und sich dort bewegen, wie es Ihnen gefällt. Und wenn Sie einen Stützpunkt brauchen, ist er da: der Berg der Unendlichkeit.

Die folgenden Übungen sind sehr intensiv. Sorgen Sie also auf jeden Fall dafür, dass Sie beim Üben nicht gestört werden, indem Sie zum Beispiel das Telefon abschalten. Sagen Sie sich aber auch, dass Sie im Notfall sofort wieder wach und präsent sein werden. Vergessen Sie nicht: Sie befinden sich in einer Dimension, in der Zeit und Raum keine Rolle spielen.

▶ ÜBUNG · DEN BERG DER UNENDLICHKEIT ERKLIMMEN

Suchen Sie sich einen Platz, an dem Sie nicht gestört werden. Schließen Sie die Augen und versetzen Sie sich in den Alpha-Zustand, indem Sie tief ein- und ausatmen und dabei immer entspannter werden. Sagen Sie sich schon während Sie entspannen, dass Sie auf dem Gipfel des Berges der Unendlichkeit stehen. Öffnen Sie Ihre inneren Augen und schauen Sie sich um. Vor Ihnen ragen viele blau-weiße Berggipfel aus einem Wolkenmeer. Die Sonne strahlt warm von einem blauen Himmel, und Sie stehen auf einer sanft abfallenden, saftigen Bergwiese. In der Weite schimmert ein tiefblauer See. Sie befinden sich inmitten der Unendlichkeit, sind ein Teil von ihr und doch von ihr getrennt. Sie sehen sich um und genießen die wunderschöne Aussicht, die Ruhe und den Frieden.

Links von Ihnen liegt, von einer Wolkendecke verborgen, Ihre Vergangenheit. Rechts von Ihnen, nicht weit entfernt, liegt Ihre Zukunft, die ebenfalls von einer Wolkendecke verhüllt ist.

Sagen Sie sich, dass Sie diesen Ort in einem meditativen Zustand jederzeit wieder finden können. Es ist Ihr Ort. Verabschieden Sie sich und lassen Sie alle Energien wieder in Ihren Körper zurückfließen. Öffnen Sie die Augen.

▶ ÜBUNG · DER WEG IN DIE VERGANGENHEIT

Suchen Sie sich einen Platz, an dem Sie nicht gestört werden. Schließen Sie die Augen und versetzen Sie sich in den Alpha-Zustand, indem Sie tief ein- und ausatmen und dabei immer mehr entspannen. Sagen Sie sich schon während Sie entspannen, dass Sie auf dem Gipfel des Berges der Unendlichkeit stehen. Öffnen Sie Ihre inneren Augen und genießen Sie die Aussicht. Gehen Sie dann ein Stück nach links, den Hang hinab und auf die Wolken zu. Begeben Sie sich in Ihre Vergangenheit. Wo möchten Sie hingehen? Sagen Sie es Ihrem Geist.

Vielleicht möchten Sie zurück zu dem Tag, an dem Sie Ihr erstes Fahrrad bekommen haben. Die Wolken lichten sich, und schon sind Sie dort.

Sie können sich jede beliebige Zeit aussuchen, die Sie noch einmal erleben möchten, vielleicht um eine Blockade aufzulösen oder ein Ereignis mit ganz neuen Augen zu sehen. Sie können an einem Ort bleiben oder noch weiter zurück in Ihre Vergangenheit gehen, bis Sie genug gesehen und erlebt haben. Dann sagen Sie einfach: »Ich möchte zurück in die Gegenwart, zurück auf den Berg der Unendlichkeit«, wenden sich nach rechts und verlassen Ihre Vergangenheit.

Schauen Sie sich noch einmal um und verabschieden Sie sich dann von Ihrem Berg der Unendlichkeit. Lassen Sie alle Energien wieder zurück in Ihren Körper fließen und öffnen Sie die Augen.

▶ Übung · Der Weg in die Zukunft

Suchen Sie sich einen Platz, an dem Sie nicht gestört werden. Schließen Sie die Augen und versetzen Sie sich in den Alpha-Zustand, indem Sie tief ein- und ausatmen und dabei immer mehr entspannen. Sagen Sie sich schon während Sie entspannen, dass Sie auf dem Gipfel des Berges der Unendlichkeit stehen. Öffnen Sie Ihre inneren Augen und genießen Sie die Aussicht.

Gehen Sie dann ein Stück nach rechts, den Hang hinab und auf die Wolken zu. Begeben Sie sich in Ihre Zukunft. Wo möchten Sie hingehen? Sagen Sie es Ihrem Geist.

Vielleicht möchten Sie im Jahr 2015 am Zürichsee sein. Die Wolken lösen sich auf, und schon stehen Sie zum richtigen Zeitpunkt am Zürichsee. Was sehen Sie? Sie können auch andere Orte in der Zukunft besuchen. Vergessen Sie nicht, dass Sie sich in einer Dimension befinden, in der Zeit und Raum keine Rolle spielen.

Wenn Sie genug gesehen und erlebt haben, sagen Sie einfach: »Ich möchte zurück in die Gegenwart, zurück auf den Berg der Unendlichkeit«, wenden sich nach links und verlassen Ihre Zukunft.

Schauen Sie sich noch einmal um und verabschieden Sie sich dann von Ihrem Berg der Unendlichkeit. Lassen Sie alle Energien wieder zurück in Ihren Körper fließen und öffnen Sie die Augen.

▶ Übung · Für die Liebe

Diese Meditation hilft Ihnen, sich und einer alten Liebe zu verzeihen oder sich mit einem gegenwärtigen Partner auszusöhnen.

Suchen Sie sich einen Platz, an dem Sie nicht gestört werden. Schließen Sie die Augen und versetzen Sie sich in den Alpha-Zustand, indem Sie tief ein- und ausatmen und dabei immer mehr entspannen. Sagen Sie sich schon während Sie entspannen, dass Sie auf dem Gipfel des Berges der Unendlichkeit stehen. Genießen Sie die Aussicht, nehmen Sie die Ruhe und den Frieden ganz in sich auf. Es ist wunderschön. Vor Ihnen liegt Ihre Gegenwart.

Sie gehen auf die Wolken zu und sagen Ihrem Geist, dass Sie jetzt alle Verletzungen heilen werden, die Sie in der Liebe erlitten oder anderen zugefügt haben. Folgen Sie Ihrem inneren Gefühl.

Wenn Sie den Ort verlassen möchten, sagen Sie einfach: »Ich gehe jetzt zurück auf den Berg der Unendlichkeit.«

Das Feld der Fülle reinigen und öffnen

Marcia Masino, die Autorin von *Tarot. Das Praxisbuch,* interpretiert die Symbolik der Tarotkarten auf eine ganz besondere Weise. Sie verwandelt sie nämlich in Meditationen. Marcia Masino hat mir freundlicherweise erlaubt, zwei ihrer noch unveröffentlichten Meditationen, die hervorragend zu unserem Thema passen, hier abzudrucken.

Schutz und Reinigung

Zweck des Astralschutzes ist es, Ihr Energiefeld von allen ungewollten Energien zu reinigen. Er klärt die Aura und bewirkt, dass Sie nur von den höchsten und besten spirituellen Einflüssen telepathisch erreicht werden. Weil Sie dadurch in einen gereinigten und ganzheitlichen Zustand versetzt werden, sind Sie automatisch vor negativen Energien geschützt. Diese Übung wird auch Ihre Sensibilität zur Hellsichtigkeit beschleunigen und erhöhen. Diese Übung ist besonders wichtig für sensible Medien, die aufgrund ihrer Veranlagung den emotionalen Müll anderer Menschen in sich aufnehmen und dadurch selbst ausgelaugt und blockiert werden.

Wenn Sie Ihr Energiefeld nicht reinigen, werden Sie die gleiche negative Energie in Ihr persönliches Leben und in Ihre telepathischen Fähigkeiten mit einbeziehen. Die Geistwesen, die an Ihrer Entwicklung beteiligt sind, müssen sich durch blockierte Schwingungen arbeiten, was bewirkt, dass Sie selbst ein nur sehr unbefriedigendes psychisches Stadium erreichen. So eine verstopfte und blockierte Aura fühlt sich energetisch an wie die Zehn der Stäbe, die Acht der Schwerter und die Neun der Schwerter.

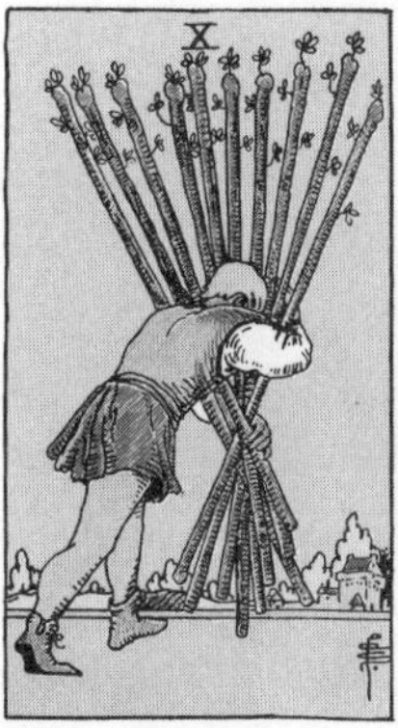

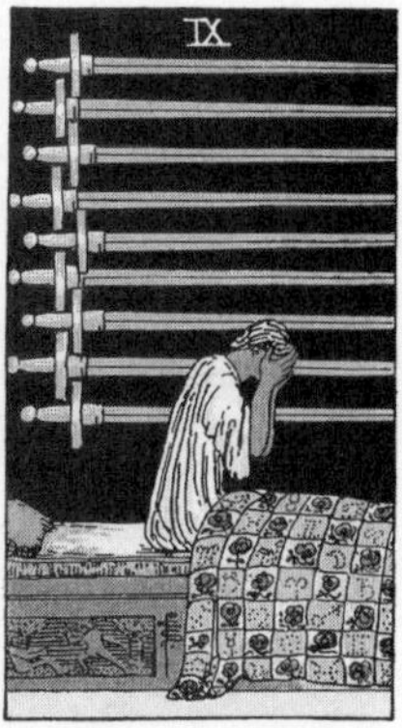

Diese drei Karten zeigen handlungsunfähige und mühselig kämpfende Personen, die sich von den Problemen anderer erdrücken lassen. Die hilfreichen Einflüsse geistiger Partner können gar nicht zu diesen Menschen vordringen, weil sie einen freien Kanal zur Kommunikation benötigen.

Die astrale Schutztechnik ist im As der Kelche dargestellt. Legen Sie die Karte von Ihrem Lieblingsdeck vor sich hin. Die Basis dieser Technik ist die Kraft des Lichts innerhalb des Stirn-Chakras. Das As der Kelche zeigt Ströme, die von dem Kelch nach unten als Wasser fließen. Manche Versionen zeigen Lichtstrahlen oder Wellen, die wie Licht von dem Kelch ausstrahlen. Das Licht oder die Strahlen werden Sie daran erinnern, wie Sie diese Übung ausführen sollen. Sie brauchen dafür mindestens eine halbe Stunde, in der Sie ganz ungestört sind.

▶ **Übung**

Begeben Sie sich in eine sitzende Position und atmen Sie mehrmals tief ein und aus, bis Sie ganz entspannt sind. Dabei konzentrieren Sie Ihr Bewusstsein auf Ihr Stirnchakra und atmen so lange dort hinein, bis Sie spüren, wie dieses Chakra wach und weich wird, prickelt oder sich warm anfühlt.

Nun fühlen Sie oder stellen Sie sich einen Strahl aus weißem oder kristallenem Licht vor, der vom Stirnzentrum aus leuchtet. Jetzt nehmen Sie diesen Strom oder Lichtstrahl und schütten oder ziehen ihn vor sich nach unten, bis unter Ihre Fußsohlen. Die Karte As der Kelche illustriert diesen Schritt.

Dann kehren Sie zum Kopf zurück und wiederholen den ganzen Ablauf. Allerdings ziehen Sie den Lichtstrahl nun nicht direkt vor dem Körper nach unten, sondern ein wenig seitlich, neben dem ersten. Das wiederholen Sie nun so lange, bis Sie Ihren ganzen Körper mit diesen Lichtstrahlen umhüllt haben. Während Sie damit beschäftigt sind, kann es sein, dass Sie sich einer Energieverlagerung bewusst werden. Vielleicht nehmen Sie einen heißen, einen kalten oder einen toten Punkt wahr, spüren ein Prickeln oder bleiben einfach an einer bestimmten Stelle stecken. Wenn Ihnen das passiert, bitten Sie um Informationen. Dann kann ein Bild, eine Erinnerung oder ein Gefühl in Ihr Bewusstsein treten; eine Person, eine Erinnerung oder ein vergangenes Leben, das noch in Ihrer Aura hängt, könnte sich zeigen.

Vielleicht spüren Sie den Impuls, Ihre Hände auf diesen Bereich zu legen und eine bestimmte Bewegung zu machen, so als wollten Sie etwas wegwischen oder herausnehmen. Jetzt sollten Sie Ihren Tarot-Geistführer oder Ihren spirituellen Heiler rufen, damit er Ihnen hilft, diese Stelle zu heilen durch Loslassen der ungewollten Energien, um dann den Bereich zu heilen. Weißes Licht, das durch die Energie Ihres spirituellen Helfers aus Ihren Händen in diesen Bereich geschüttet wird, kann die Blockade auflösen, um das Gleichgewicht wiederherzustellen und alles zu heilen.

Kehren Sie dann wieder zu Ihrem Stirnchakra zurück und ziehen Sie den nächsten Lichtstrahl nach unten, bis Sie Ihren Anfang wieder erreicht haben.

Wenn Sie Ihr Energiefeld vor jeder Meditation in dieser Art und Weise reinigen und beruhigen, wird das Ihre medialen Fähigkeiten fördern und Ihr spirituelles Wachstum beschleunigen.

▶ Übung · Das Feld der Fülle öffnen

Setzen Sie sich in den Schneidersitz oder bequem auf einen Stuhl. Nachdem Sie sich durch mehrmaliges tiefes Ein- und Ausatmen entspannt haben, halten Sie Ihre Hände im Abstand von etwa drei Zentimetern so vor sich, dass die Handflächen zueinander zeigen. Das könnte man als offene Gebetshaltung bezeichnen.

Geistig verbinden Sie nun die Energie Ihrer beiden Hände miteinander. Dann verbinden Sie diese Energie mit den Armen, dem Körper, den Beinen, den Füßen, dem Kopf, erst auf der einen, dann auf der anderen Seite des Körpers. Konzentrieren Sie sich wieder auf Ihre Hände – Energie wird sich zwischenzeitlich aufgebaut haben. Ziehen Sie die Hände dann langsam auseinander. Spüren Sie den Zug, der dabei entsteht, und stellen Sie sich vor, dass die Energien der rechten und der linken Körperhälfte sich über die Hände miteinander verbinden. Hören Sie auf, wenn Ihre Handinnenflächen etwa zehn Zentimeter voneinander entfernt sind.

Setzen Sie dies fort und hören Sie auf, wenn Ihre Hände parallel zu Ihrer Körpergrenze stehen, und vergessen Sie nicht sich vorzustellen, wie sich die Energien der rechten und der linken Körperhälfte über die Hände miteinander vermischen.

Fahren Sie fort und hören Sie erst auf, wenn Sie aufgefordert werden, bis Sie das Energiefeld außerhalb Ihres Körpers erreicht haben. Dies nennt man: Das Feld der Fülle öffnen.

Machen Sie die Übung anschließend in umgekehrter Reihenfolge, um das Energiefeld zu schließen, und zurückkommend konzentrieren Sie sich wieder auf Ihre Hände. Sie haben sich einen Zugang geschaffen, der neue Möglichkeiten für Sie auftun wird.

Diese Meditation öffnet die Tür zur vierten, fünften, sechsten und siebten Dimension. Was dort für Sie bereit ist, ist in diesem Reich bekannt, Sie bleiben einfach nur bei Ihren Absichten.

Alltagsprobleme lösen, kreative Energien wecken, gesund bleiben

Es gibt Situationen im Leben, in denen man sich eine Antwort »von oben« wünscht. Man kann eben nicht immer alles besprechen, zumal oft einfach niemand da ist, der die Schwierigkeiten versteht, mit denen man sich plagt. Und wenn es Probleme mit dem Partner, den Kindern oder den Eltern gibt, ist man emotional meist so verwickelt, dass man die einfachsten Lösungen gar nicht mehr sehen kann. Wenn Sie in einer solchen Situation sind, kann Ihnen folgende Übung helfen.

▶ Übung · Neue Einsichten gewinnen

Begeben Sie sich an einen ruhigen Ort, schließen Sie die Augen und versetzen Sie sich in den Alpha-Zustand. Sagen Sie sich: »Ich steige im Geist in die Höhe, bis Vergangenheit, Gegenwart und Zukunft zu einem einzigen großen Bild verschmelzen und mir eine neue Einsicht zuteil wird.«

Bleiben Sie eine Weile bei diesem Bild und schauen Sie dann geradeaus in Ihre Gegenwart. Formulieren Sie nun Ihre Frage, zum Beispiel: »Kraftzentrale Unterbewusstsein, was muss ich tun, um einen guten Job zu finden?« (Natürlich können Sie auch jede andere Frage stellen.) Folgen Sie dem Weg, der sich vor Ihnen auftut, und lassen Sie die Eindrücke auf sich wirken. Stellen Sie sich die Frage noch ein bis zwei Mal.

Nach etwa fünfzehn Minuten lassen Sie alle Energien wieder zurück in Ihren Körper fließen und öffnen die Augen.

Es kann sein, dass Sie bereits während der Meditation eine Antwort erhalten, aber oft kommt sie auch erst innerhalb der nächsten zwei Tage – als plötzliche Erkenntnis; als Impuls, der dadurch ausgelöst wird, dass Sie etwas hören oder lesen, oder als Wissen, das schlagartig zur Gewissheit wird. Es gibt viele Möglichkeiten, aber die Antwort wird immer so ausfallen, dass sie von Ihnen verstanden wird.

Sie können diese Übung auch zur Vergangenheitsbewältigung nutzen. Angenommen, Sie haben Probleme und wissen, dass diese schon in der Vergangenheit angelegt waren. Allerdings können Sie nicht mehr genau sagen, was passiert ist oder warum es passiert ist.

▶ Übung · Die Vergangenheit bewältigen

Begeben Sie sich an einen ruhigen Ort, schließen Sie die Augen und versetzen Sie sich in den Alpha-Zustand. Sagen Sie sich: »Ich steige im Geist in die Höhe, bis Vergangenheit, Gegenwart und Zukunft zu einem einzigen großen Bild verschmelzen und mir eine neue Einsicht zuteil wird.«

Bleiben Sie eine Weile bei diesem Bild und schauen Sie dann nach links in Ihre Vergangenheit. Formulieren Sie nun Ihre Frage, zum Beispiel: »Kraftzentrale Unterbewusstsein, ich gehe zurück zu dem Tag, an dem ich angefangen habe zu viel zu essen. Was ist an diesem Tag passiert?«

Daraufhin öffnet sich manchmal ein Tunnel oder ein Geist kommt und nimmt Sie mit. Gehen Sie mit oder folgen Sie dem Weg, der sich vor Ihnen auftut. Sie erkennen ihn ganz von selbst.

Diese Übung müssen Sie eventuell mehrmals machen, je nachdem, wie groß Ihre inneren Vorbehalte waren und sind.

Die nächste Übung ist sehr effektiv, wenn es darum geht, den gewohnten Zeitablauf zu durchbrechen und kreative Energien zu wecken.

▶ Übung · Kreative Energien wecken

Stellen Sie sich kurz vor dem Einschlafen vor, dass Sie, während Sie schlafen, an genau dem gleichen Ort sein werden, nur eine Woche später, ein Jahr später oder fünfhundert Jahre früher. Ihr geistiges Auge ist wach und kann sich die Situation genau einprägen. Was gibt oder gab es da? Was können Sie sehen und/oder hören? Wie fühlt es sich an?

Legen Sie sich einen Block neben das Bett, damit Sie Ihre Eindrücke nach dem Aufwachen sofort aufschreiben können.

Auf diese Weise können Sie auch Ihre eigenen Aktivitäten am Tag zuvor betrachten. Was haben Sie getan? Wie hat es sich angefühlt? Wie denken Sie jetzt darüber?

Gehen Sie nun eine Woche oder zwei voraus und beobachten Sie sich selbst. Was tun Sie gerade?

Schenken Sie sich fünf Minuten am Tag, in denen Sie sich im Alpha-Zustand ganz bewusst mit Ihrer Gesundheit beschäftigen.

▶ Übung · Channeln für die Gesundheit

Begeben Sie sich an einen ruhigen Ort, schließen Sie die Augen und versetzen Sie sich in den Alpha-Zustand. Sagen Sie sich: »Ich bin gesund an Körper, Geist und Seele.« Sehen Sie sich vor Ihren geistigen Augen vital und sprühend vor Lebenskraft (das Alter spielt keine Rolle). Beobachten Sie, wie heilende Energien in jeden Winkel Ihres Körpers strömen. Fragen Sie Ihren Körper, ob und wo er Probleme hat und wie Sie dazu beitragen können, diese zu beseitigen. Vertrauen Sie darauf, dass Sie gesund werden oder bleiben. Erwarten Sie, dass Ihr Körper gesund und vital bleibt.

Wenn Sie diese Übung regelmäßig machen, werden Sie von dem Ergebnis überrascht sein.

Sehr viele Menschen fürchten sich vor dem Blick in ihr Inneres, aber man muss sich weder vor sich selbst noch vor der geistigen Welt fürchten. Die Antworten, die uns das geistige Universum zukommen lässt, sind immer so verpackt, dass man sie verstehen und auch verkraften kann. Die geistige Welt bringt unendlich viel Liebe, immerwährendes Verständnis und viel, viel Geduld für uns auf. Sollten Ihnen auf Ihrer Reise nach innen trotzdem erschreckende Bilder begegnen, so handelt es sich um Ihre eigenen Ängste, die Sie weder berühren noch Ihnen schaden können. Sehen Sie sich diese Bilder an wie einen Film, aber achten Sie darauf, dass Sie sich nicht in diesen Film hineinziehen lassen.

Das Leben vor dem Leben und das Leben nach dem Tod

Die Frage, ob es ein Leben vor und nach diesem Leben gibt, ist immer noch ein heikles Thema. Doch wenn wir uns mit dem Channeln beschäftigen, müssen wir davon ausgehen, dass es beides gibt, denn mit wem unterhalten wir uns sonst?

Kürzlich wurde in einer Nachrichtensendung des Fernsehsenders RTL erwähnt, dass ein Entertainer ein Buch geschrieben habe, in dem er sein früheres Leben als Mönch beschreibt. Nicht weiter ungewöhnlich, meine ich, aber sofort war der Experte da, der eine solche Erfahrung allein unserer Vorstellungskraft zuordnete. Was mich persönlich erstaunte, war die Tatsache, dass eine solche Geschichte eine Meldung in den Nachrichten wert ist. Offenbar fällt es den meisten Mitteleuropäern immer noch schwer, die Realität früherer Leben zu akzeptieren. Dass das erwähnte Buch reißenden Absatz gefunden hat, erstaunt mich wiederum nicht, denn ich glaube, dass viele Menschen vor allem deshalb so eifrig nach Bestätigung für ein Leben nach dem Tod suchen, weil sie ihnen immer wieder verweigert wird. Dabei wird die Reinkarnation in vielen Religionen dieser Welt als Tatsache angesehen, und auch im frühen Christentum war sie unbestritten. Erst als der römische Kaiser Konstantin das Christentum anerkannte und es kurz darauf Staatsreligion des Römischen Reiches wurde, geriet diese Lehre zunehmend in Vergessenheit. Wir wissen aber, dass viele bekannte Persönlichkeiten von der Antike bis zur Neuzeit fest davon überzeugt waren, schon einmal gelebt zu haben. Pythagoras von Milet glaubte sich an drei frühere Leben erinnern zu können. Ovid behauptete, schon einmal während des Trojanischen Krieges gelebt zu haben. Auch Plato, Goethe, Schopenhauer, Victor Hugo, Ibsen und viele andere glaubten an Reinkarnation. Horaz sagte: »Ich werde nicht gänzlich sterben, ein wesentlicher Teil meiner Selbst entgeht der Gruft.«

Elisabeth Kübler-Ross, die wohl bekannteste Sterbeforscherin, hat in vielen Gesprächen mit Sterbenden nachgewiesen, dass die Seele nach dem physischen Tod nicht stirbt. Sie berichtet beispielsweise, wie sie am Bett eines durch einen Autounfall schwer verletzten Jungen saß und sich mit dem Kind unterhielt. Der Vater des Jungen, selbst schwer verletzt, war in einem anderen Zimmer untergebracht. Plötzlich sagte der Junge, er müsse jetzt gehen, sein Vater warte schon auf ihn, er könne ihn deutlich sehen. Später stellte sich heraus, dass der Vater zehn Minuten vor diesem Gespräch verstorben war, was das Kind allerdings nicht hatte wissen können, da es im Krankenhaus keinen Kontakt zu seinem Vater gehabt hatte. Und doch war der Vater schon da gewesen, um den Sohn abzuholen. Das zeigt, dass die Seele nicht stirbt und dass unsere Essenz, also das, was uns wirklich ausmacht, immer weiterlebt.

In einem Fernsehinterview erzählte Frau Kübler-Ross, dass sie zeit ihres Lebens wegen ihres Lebenswerks und ihrer Behauptung, es gäbe ein Leben nach dem Tod, mit Anfeindungen zu kämpfen gehabt hatte. Sie erzählte in diesem Interview auch, dass ihr eigener Mann ihr erst auf seinem Sterbebett bestätigt hatte, ihre Nachforschungen und Erkenntnisse seien richtig gewesen, obwohl er dies sein Leben lang bestritten hatte.

In ihrem Buch *Unsterbliche Erinnerung* schildert die Engländerin Jenny Cockell einen Traum, den sie schon als Kind immer wieder geträumt hatte: Eine todkranke Frau namens Mary versucht verzweifelt am Leben zu bleiben, weil sie sich Sorgen um ihre Kinder macht. Auch tagsüber hatte Jenny Cockell Bilder aus dem Leben dieser Mary im Kopf. Diese Visionen verfolgten sie ihr Leben lang, vor allem aber das Gefühl der Verantwortung für die Kinder, die Mary hinterlassen hatte. Aus ihren Visionen wusste sie, dass es etwa acht Kinder sein mussten. In jahrelanger mühsamer Kleinarbeit fand sie schließlich heraus, dass sie selbst in einem früheren Leben Mary Sutton gewesen war. Sie hatte in einem kleinen irischen Dorf gelebt und war 1932 kurz nach der Geburt ihres zehnten Kindes in einem Krankenhaus verstorben. Die Sorge um ihre Kinder muss so überwältigend gewesen sein, dass sie bereits zwanzig Jahre später als Jane Cockell in England wiedergeboren wurde. Wie Jenny Cockell herausfand, war Mary Suttons Sorge berechtigt gewesen, denn der Vater hatte die Kinder nach ihrem Tod in ein Waisenhaus gegeben und voneinander getrennt, und das, obwohl er wieder geheiratet hatte. Mit Unterstützung ihres Mannes und einiger bereitwilliger Helfer machte sich Jenny Cockell auf die Suche nach Marys Kindern. Sonny, der erste Sohn, den sie fand, akzeptierte ihre Geschichte sofort, denn sie erzählte ihm Dinge aus dem Leben seiner Mutter, die niemand außer ihm und seiner Mutter wissen konnte. Er half ihr bei ihren weiteren Nachforschungen. Nach und nach machten sie auch die anderen Kinder ausfindig oder brachten zumindest in Erfahrung, was aus ihnen geworden war. Die meisten waren noch am Leben und fast alle akzeptierten Jane Cockells Geschichte. Noch heute steht sie mit ihnen in Verbindung – mit ihren Kindern aus einem früheren Leben.

Man sagt, wir seien die Summe unserer Erfahrungen. Damit sind die Erfahrungen gemeint, die wir hier auf Erden gemacht haben: gute und schlechte Erfahrungen, mit Partnern, Kindern, Kollegen, Nachbarn oder Freunden. Aber es gibt auch andere Erfahrungen. Da fahren Sie zum Beispiel in ein Land und fühlen sich dort nicht wohl. Wahrscheinlich – so vermuten Sie – liegt es daran, dass Ihnen das Essen nicht schmeckt oder das Wetter schlecht ist. Das nächste Mal besuchen Sie einen Ort, der Ihnen seltsam bekannt vorkommt und wo Sie immer schon wissen, was Sie erwartet, wenn Sie um die nächste Ecke biegen. Oder Sie treffen einen Menschen und haben das Gefühl, ihn schon lange zu kennen, obwohl Sie ihm noch nie begegnet sind. Wie kann das sein? Wir wissen doch immer, wo unsere Erfahrungen herkommen. Oder etwa nicht?

Ich kenne eine junge Frau, die unweit der österreichischen Grenze wohnt und für die Österreich einfach nicht existiert. Sie würde nie dorthin fahren. Warum nicht? Oder jemand reist durch Ägypten, besucht die alten Tempel und fühlt sich in einigen unheimlich glücklich, während ihn in anderen eine unerklärliche Furcht beschleicht. Weder das Glücksgefühl noch die Furcht hat irgendeinen Bezug zur Realität. Wie erklärt man so etwas? Und wie erklärt man die Tatsache, dass manche Menschen als Wunderkinder auf die Welt kommen, Mozart zum Beispiel. Wie kommt es, dass ein Fünfjähriger perfekt Klavier spielen und komponieren kann? Talent allein reicht in solchen Fällen nicht, denn das Wissen, wie man dieses Talent umsetzen kann, muss man sich normalerweise erst aneignen, es sei denn, man hat es schon in dieses Leben mitgebracht.

Rückführung in ein früheres Leben

Sie haben bestimmt schon gehört, dass sich Menschen in Hypnose spontan an ein anderes Leben erinnern konnten und sogar in dieses übergegangen sind. Manche redeten und schrieben plötzlich in einer ihnen völlig fremden Sprache. Meine eigene Rückführung lief über eine tiefe körperliche Entspannung bis in den Theta-Zustand, wobei mein Geist hellwach blieb. In dieser tiefen Entspannung – ich habe meinen Körper kaum noch gespürt – konnte sich mein Geist in alle Richtungen bewegen, weil er nicht mehr im Körper eingeschlossen war. Ich war zugedeckt, denn während der Sitzung begann ich zu frieren und mich zu schütteln. Ich musste übrigens nicht in meinem jetzigen Leben rückwärts gehen, bis zur Geburt und darüber hinaus. Vielmehr saß ich ein wenig desorientiert in einer Wolke und landete schließlich an einem mir unbekannten Ort. Die Rückführung selbst fand in Dialogform statt. Das heißt, ich wurde gefragt, wo ich bin, ob ich wisse, wie ich heiße, ob ich ein Mann oder eine Frau sei, wie alt ich sei und so weiter – alles in ganz ruhigem Ton, ohne jede Hast. Meine Antworten waren sehr leise. Wir versuchten das Gespräch mit einem Tonband aufzuzeichnen, aber das war unmöglich. Obwohl das Gerät auf höchste Lautstärke gestellt war, konnte man nur ein Flüstern hören. Wenn eine Situation zu emotional wurde, wurde ich gebeten, dort wegzugehen und zum Beispiel zwei Jahre oder mehr zu überspringen. Man kann während einer Rückführung in alle Richtungen gehen, Zeit und Entfernungen spielen keine Rolle. Die Rückführung in eines meiner früheren Leben endete mit meinem Tod.

Danach war ich erschüttert, emotional leer und völlig sprachlos. Ich hatte gehört, dass Leute behaupten, Tempeltänzerinnen oder etwas Ähnliches gewesen zu sein, und wahrscheinlich hatte ich mich auf etwas eher Lächerliches eingestellt. Aber das erste frühere Leben, in das ich mich begab, war weit weg von dieser Vorstellung. Es war von einer Traurigkeit erfüllt, für die ich bis heute nicht die richtigen Worte finden kann. Nach dieser Erfahrung habe ich mich zu Hause sofort hingesetzt und unter dem emotionalen Eindruck dieser Erfahrung ein Protokoll geschrieben. Insgesamt gibt es vierzehn Protokolle solcher Erfahrungen. Hier ist eines davon:

Erinnerungen aus meinem Leben 9. 12. 1991
RITTER KUNIGUND
Ich sehe in der Ferne ein Licht in einem Turm. Ich bin auf einem schwarzen Pferd. Ich habe eine Ritterrüstung an. Ich reite auf die Burg in der Ferne zu. Ich weiß, dass das Licht für mich ist. Ich reite einen kleinen Weg entlang, über eine kleine Brücke, über einen kleinen Fluss. Ich bin fröhlich. Die Zugbrücke ist oben, ich schreie, und dann lässt man sie herunter. Ich habe eine Nachricht vom König. Ich reite in den Innenhof. Man nimmt mir mein Pferd ab. Ich habe eine Nachricht für den Herrn. Ich sehe oben im Turm meine Liebste, sie hat auf mich gewartet, deshalb das Licht im Turm gelassen. Ich freue mich, sie bald wieder zu sehen, aber zuerst muss ich zum Hausherrn. Das Land ist in Frankreich, wahrscheinlich Burgund. Ich gehe in

den großen Saal, alles sieht mich erwartungsvoll an. Ich überreiche dem Hausherrn die Nachricht, der König fordert uns auf, in den Krieg zu ziehen. Es wird gekämpft, herrlich. Das was ich gern hab als Ritter, wir gehen in den Kampf. Wir sind freie Landbesitzer, wir schulden dem französischen König, dass wir mit ihm in den Krieg ziehen. Ich muss mich an den Tisch setzen und über die Anzahl von Soldaten diskutieren, auch wenn ich viel lieber die Treppen zum Turm hinaufsteigen möchte. Aber zuerst das Geschäft. Ich bin etwa 30 Jahre alt. Es ist ungefähr im 11. Jahrhundert. Wir sind zwei Jahre weiter. Ich bin auf dem Schlachtfeld, alles um mich herum ist tot. Ich suche jemanden. Ich suche meinen besten Freund. Endlich finde ich ihn. Er liegt am Bach mit einem Speer in der Brust. Mein bester Freund. Ich hebe ihn auf und trage ihn auf den Berg in den Wald. Ich bedecke ihn mit Steinen und Blättern und einem Kreuz aus Holz, damit ihn die wilden Tiere nicht fressen. Ich kann ihn nicht mitnehmen. Wir haben verloren. Wir haben gegen den König gekämpft und alles verloren. Ich habe mein Hab und Gut verloren und meine Ehre. Wir sind fünf Jahre weiter und ich bin als Schreiberling am Hof des mächtigen Bischofs in Paris angestellt. Er hatte Mitleid mit mir und hat mir Arbeit gegeben, damit ich etwas zu essen habe. Es ist keine Arbeit für einen Soldaten, aber die Not drückt. Meine Liebste ist von ihrem Vater mit einem reichen Mann verheiratet worden. Ich verstehe das, denn ich bin nichts mehr. Wir treffen uns heimlich, das ist unser einziges Glück. Wir werden von ihrem Gebieter überrascht und ich fordere ihn zum Duell, aber er weigert sich. Er duelliert sich nicht mit einem Niemand. Aber ich habe stolzes Blut in mir. Ich gehe weg. In einer Gasse in Paris werde ich überfallen und von Unbekannten erstochen. Ein armes Los. Die Straße glänzt im Mondschein. Ich kam aus einem stolzen Haus, ich bin mit sieben Jahren von meinem Vater fortgeschickt worden, um mein Handwerk zu erlernen, zu seinem besten Freund als Ritter und Soldat. Aber als ich meine Güter verloren hatte, habe ich auch meinen Stand verloren. Ich wurde ein bemitleidenswertes Geschöpf. Anno Domini 1109 in den Gossen zu Paris verendet.

Ich konnte in meiner Jugend an keiner Ritterburg vorbeigehen, ohne den Berg erklimmen zu wollen. Auch war ich nur ein einziges Mal, Jahre vor dieser Rückführung, einen halben Tag in Paris. Und ich kann mich erinnern, dass mir, während ich durch die Straßen lief, ständig ein einziger Gedanke durch den Kopf ging: »Wenn mir hier etwas passiert, weiß niemand, wo ich bin.« Ich war unendlich erleichtert, als ich wieder im Zug Richtung Deutschland saß. Heute weiß ich, warum. Damals war es mir ein großes Rätsel.

Was lernen wir aus einer Rückführung?

Was bleibt von früheren Leben? Vor allem Emotionen, starke Gefühle, die sich über Zeit und Raum erhalten haben und die man oft nicht einordnen kann. Solche Emotionen bestimmen unser Handeln in diesem Leben mehr als uns bewusst ist. Manche Menschen leiden unter Schmerzen, die medizinisch nicht nachvollziehbar sind. In Rückführungen wird oft festgestellt, dass sie in einem früheren Leben verletzt wurden, meist unter sehr traumatischen Umständen. Nach einer Rückführung kann man solche Emotionen und Schmerzen der Zeit und den Umständen zuordnen, in denen sie entstanden sind, und sich dann davon befreien.

Die wichtigste Erkenntnis, die ich aus meinen eigenen Rückführungen gewonnen habe, war jedoch, dass jeder selbst für sein Leben verantwortlich ist. Man kann anderen nicht die Schuld für das eigene Versagen oder Nicht-Handeln geben. Am Ende meiner ersten Rückführung, nach meinem »Tod« sah ich mich ganz allein im Raum stehen. Obwohl alle Menschen, die mein Leben bis dahin begleitet hatten, anwesend waren, verschwanden sie wie Schatten im Nichts. Es war niemand da, der für mein Leben verantwortlich gewesen wäre, und die Frage stand im Raum: »Was hast du aus deinem Leben gemacht?« Das habe ich nie vergessen. Man muss sein Ziel nicht unbedingt erreichen, aber man muss versuchen, das Beste aus seinem Leben zu machen. Denn diese Frage wird sich jeder eines Tages stellen müssen.

Wenn wir mehrere Leben zurückverfolgen, erkennen wir so etwas wie einen roten Faden, der uns den Weg zu unserer Aufgabe im jetzigen Leben weisen kann. Um diese Aufgabe zu erkennen, brauchen wir allerdings nicht unbedingt eine Rückführung, denn auch in diesem Leben schaffen wir uns viele Gelegenheiten diese Aufgabe zu erkennen. Wir suchen uns das Leben aus, das wir auf dieser Erde führen möchten, oder zumindest suchen wir uns aus, wo wir beginnen möchten. Wir stehen alle auf verschiedenen Stufen der Entwicklungsleiter, manche ganz unten, andere weiter oben.

Vielleicht fragen Sie sich jetzt: Was ist mit den Menschen, denen das alles egal ist, die rücksichtslos und raffgierig durch diese Welt gehen? Welche Entwicklung soll das denn sein? Nun, wir alle haben einen freien Willen, und manche vergessen ihre Ziele. Die geistige Welt richtet nicht, sie lässt uns gewähren. Erst wenn wir wieder zurückgekehrt sind, wissen wir, welche Aufgabe wir uns gestellt hatten und wie gut oder schlecht wir sie erfüllt haben.

Man verliert während einer Rückführung auch die Angst vor dem Sterben. Ich habe vor meiner ersten Rückführung lange überlegt, ob ich so etwas überhaupt machen will. Die Vorstellung zu sterben hat mich abgeschreckt, weil ich mir das sehr schmerzhaft vorgestellt habe. Doch zu meiner großen Überraschung war das Sterben selbst absolut emotionslos. Es war nichts, ein »unwichtiger« Zustand. Allerdings brauchte ich nach den ersten Rückführungen etwa zwei Wochen, um mich körperlich wieder zu erholen. Ich war wie ausgelaugt, nicht müde, aber geistig ausgebrannt. Die Leben, die ich kennen gelernt hatte, waren so weit weg von mir. Ich hätte sie mir nie vorstellen können.

Kennen wir uns?

Wir treffen immer wieder Menschen, die wir aus früheren Leben kennen. Für manche von ihnen empfinden wir spontan eine große Zuneigung, für andere eine schier unüberwindbare Abneigung. Und dann gibt es noch die Menschen, mit denen wir uns einlassen, obwohl wir genau wissen, dass es eine unglückliche Beziehung werden wird. Wenn beide Partner eine Rückführung machen würden, könnten sie vielleicht herausfinden, dass sie bereits in früheren Leben verbunden waren. In diesem Leben sollten sie lernen, entweder liebevoller miteinander umzugehen oder sich aus dieser emotionalen Verbindung zu lösen. Schlimm wird es, wenn man an einem Menschen hängt und meint, es sei Liebe, aber diese Liebe wird nicht erwidert. Solange man die Aufgabe, die man mit einem bestimmten Menschen hat, nicht erfüllen kann, wird sich das Ganze in irgendeiner Form zu irgendeinem späteren Zeitpunkt wiederholen.

Eine Frau trifft einen Mann und fühlt sich unglaublich zu ihm hingezogen, aber gleichzeitig spürt sie die Last einer großen Verantwortung. Sie hat das Gefühl, diesen Mann schon lange zu kennen. Zunächst beruht die Anziehung auf Gegenseitigkeit, aber dann plätschert die Beziehung nur noch so dahin. Die beiden kommen nicht voneinander los, aber auch nicht wirklich zusammen. Bei einer Rückführung stellt sich heraus, dass die Frau in einem früheren Leben ein Kriegskamerad dieses Mannes gewesen war. Damals hatte sie ihm versprochen, sich um ihn zu kümmern und ihn nach Hause bringen. Doch dann starb er irgendwo im Arbeitslager, und sie – sein damaliger Kamerad – konnte ihr Versprechen nicht einhalten. Diesen emotionalen Schock hat ihre Seele nie verarbeitet. Nach dieser Rückführung konnte die Frau ihre Gefühle besser einordnen und sich aus der Beziehung lösen.

Es ist oft schwierig zu entscheiden, ob man jemanden wirklich liebt oder ob man eher noch etwas Altes mit ihm oder ihr aufzuarbeiten hat. Wenn eine Beziehung über Jahre ohne wirkliche Bindung dahinplätschert, ist es sehr wahrscheinlich, dass es sich hier um eine Seelenverwandtschaft handelt, die anders als über eine Partnerschaft aufgelöst werden sollte.

Was bei einer Rückführung zu beachten ist

Eine Rückführung sollten Sie nur mit einem Therapeuten oder Begleiter machen, der Ihr volles Vertrauen besitzt. Wichtig ist, dass Sie während der Sitzung nicht allein gelassen werden, dass Ihnen konzentriert zugehört wird und dass man Sie, wenn nötig, aus einer sehr emotionalen Situation befreit und in der Zeit weiterführt. **Wenn eine Rückführung erfolgreich sein soll, müssen Sie sich Ihrem Begleiter ganz und gar anvertrauen. Das heißt: Sie müssen sich für die Zeit der Rückführung selbst loslassen und bedingungslos in die Hände eines anderen begeben.** In einer tiefen Trance sind Sie zwar wach, aber unfähig sich zu wehren. Wenn ein Begleiter Sie lange in einer sehr emotionalen Situation verharren lässt oder – noch schlimmer – Sie diese bis ins Detail durchleben lässt, kann das später zu psychischen Problemen führen. Daher rate ich von Gruppenrückführungen ab. Niemand kann vorhersehen, in welche Situationen einzelne Teilnehmer geraten, und in Gruppenrückführungen ist eine individuelle Betreuung nicht möglich.

Nach der eigentlichen Rückführung sollten Sie noch Zeit einplanen, in der Sie über Ihre Eindrücke sprechen und sich Ihre Emotionen von der Seele reden können. Dieses Gespräch sollte möglichst mit dem Begleiter oder Therapeuten geführt werden, denn er war die ganze Zeit dabei und weiß daher, wovon Sie sprechen und warum Sie vielleicht emotional erschüttert sind.

Allein unterwegs in andere Leben

Wenn Sie in der Lage sind, sich selbst in den Theta-Zustand zu versetzen, können Sie sich auch allein auf die Reise durch andere Leben machen.

▶ Anleitung

Stellen Sie sicher, dass Sie in der Zeit, in der Sie diese Rückführung machen, absolut ungestört sind. Wenn man sich in sehr tiefe Entspannungszustände begibt, ist es grundsätzlich ratsam, sich mit einer leichten Decke zuzudecken, damit man nicht auskühlt. Sagen Sie sich von vornherein, dass Sie von Ihrem Ausflug gut wieder zurückkommen werden.

Stellen Sie sich dann vor: Sie steigen auf ein Haus, höher und immer höher. Von dort oben haben Sie einen guten Überblick über die Landschaft unter Ihnen. Dann steigen Sie noch höher, bis Sie den Wolken ganz nah sind. Schließlich besteigen Sie eine Wolkengondel, fliegen los und landen an einem unbekannten

Ort. Sehen Sie sich um. Sehen und fühlen Sie, wo Sie sind. Führen Sie sich selbst durch dieses Leben, indem Sie immer wieder einige Jahre weitergehen. Wenn Sie zurück möchten, sagen Sie sich: »Ich gehe jetzt zurück in meine Gegenwart.« Lassen Sie Ihre Energien wieder in Ihren Körper zurückfließen und spüren Sie, wie wohl Sie sich fühlen.

Dass frühere Leben manchmal auch sehr schön waren, zeigt das folgende Protokoll, das ich nach einer Rückführung aufgeschrieben habe.

MASTER MITCHELL

Ich bin schwer am Säcke schleppen, mein Meister lässt mich hart arbeiten. Ich arbeite in einer Mühle, wir mahlen Mehl. Wir sind im Mittelalter, ich habe ein braunes Lederwams an. Mein Meister lernt mich an. Ich lerne die Bücher zu schreiben und kümmere mich um die Ausfuhr. Aber hauptsächlich muss ich harte körperliche Arbeit leisten.

Es ist zehn Jahre weiter. Ich bin in Cardiff und habe mein eigenes Geschäft. Ich verkaufe Mehl an die feinen Leute. Ich mache mir die Hände nicht mehr schmutzig. Ich habe gut geheiratet. Mein Meister hat mir seine Mühle überlassen, da war niemand mehr, der Interesse an der schweren Arbeit hatte, und ich habe sie aufgebaut. Ich bin jemand

in der kleinen Stadt. Ich wollte wissen, warum ich immer esse. Natürlich um den Leuten zu zeigen, wie gut es mir geht. Ich habe immer einen reich gedeckten Tisch. Meine Frau freut das.
Wir hatten sogar den Mayor (Bürgermeister) bei uns zu Gast. Meine Frau kocht gut, und ich werde immer fetter. Aber das macht nichts, damit steigt mein Ansehen. Ich beliefere den Duke von Cornwall, er hat von meinem feinen Mehl gehört. Ich bin ein wohlhabender, bescheidener Mann, der seine Familie und Geselligkeit liebt, und das Herzeigen natürlich. Am liebsten mag ich meinen Bauchumfang.
Mein Doktor hat gesagt, ich esse mich zu Tode, aber es gibt gar nichts Schöneres. Ich habe ein erfülltes Leben, voller Freude und Zufriedenheit, und das habe ich mir verdient, mit der schweren Arbeit, die ich als junger Mann leisten musste.
Sie stehen an meinem Totenbett, die ganze Familie. Es ist eine Wonne. Es sind so viele Kerzen im Zimmer, dass mir ganz heiß wird, obwohl es draußen bitterkalt ist. Ich schlafe friedlich ein.
Mein Meister hatte sich meiner angenommen und mich wie einen Sohn behandelt, den er nie hatte. Da hab ich Glück gehabt. Ich habe es ihm aber gelohnt. Ich hab immer auch dem Armenhaus was abgegeben.

In the year of our Lord 1413 I died a peaceful death (Im Jahr des Herrn 1413 starb ich einen friedlichen Tod).

Ich brauche nicht zu erwähnen, dass ich sehr gern Brot esse und es mir in der Seele wehtut, wenn ich altes Brot wegwerfen muss. Und meine erste Brieffreundin – damals, als ich noch in der Schule war – war aus Cardiff.

Von medialen Möglichkeiten und Schwierigkeiten

Viele Menschen haben eine natürliche Begabung zum medialen Channeln, aber die meisten sprechen nicht darüber. Sie sehen Verstorbene, können Ereignisse vorhersagen, Krankheiten erkennen und vieles mehr. Das ist eine Begabung, die vielen Menschen Angst einjagt, und da sie sich meist schon in sehr früher Jugend zeigt, wird sie oft von den eigenen Familienmitgliedern abgelehnt. Es kommt sogar vor, dass mediale Kinder betraft werden, wenn sie von »solchen Dingen« sprechen. Natürlich ist es nicht einfach, etwas in Worte zu fassen, das man nur im Kopf sieht, fühlt oder hört. Manches kann man nicht einmal annähernd beschreiben, und vieles ist erschreckend. So wird diese Begabung, zu der Kinder meist noch ein eher ungezwungenes Verhältnis haben, für viele sehr bald zu einer unerträglichen Belastung. Sie können deshalb auch nur schwer damit experimentieren oder Erfahrungen sammeln. Hinzu kommt, dass das so genannte »zweite Gesicht« oft mit Scham und Angst behaftet ist. »Zu Hause kann ich das nicht erzählen, die halten mich ja für verrückt.« Das ist ein Kommentar, den ich schon oft gehört habe, und ich kann aus eigener Erfahrung bestätigen, dass man oft belächelt wird, wenn man sagt, dass man sich mit medialem Schreiben oder der geistigen Welt an sich beschäftigt.

Als medial begabter Mensch müssen Sie als Erstes lernen sich abzugrenzen. Nicht nur, damit Sie von Ihrem Umfeld nicht ausgenutzt werden, sondern auch gegenüber der geistigen Welt. Sie bestimmen, wie lange und wie oft Sie mit der geistigen Welt in Verbindung stehen wollen. Sie müssen nicht »immer« auf Sendung sein, wenn Geistwesen bei Ihnen anklopfen, weil sie Ihnen etwas mitteilen wollen. Sagen Sie nein, wenn es Ihnen nicht passt, und legen Sie eine Zeit fest, in der Sie erreichbar sind. Und wenn Sie etwas nicht hören wollen, bleiben Sie fest in Ihrer Ablehnung. Die geistige Welt wird Ihnen nicht böse sein, denn es ist Ihr Recht, Ihre Begabung zu nutzen, wie Sie möchten. Ob Sie Menschen damit helfen oder Ihre Erfahrungen nur für sich sammeln, liegt ganz in Ihrem Ermessen. Niemand kann das entscheiden, nur Sie selbst! Lassen Sie sich also nicht in eine Ecke drücken, in der Sie gar nicht stehen wollen.

Wenn die erste Ablehnung überwunden ist, wird im Familien- und Freundeskreis oft erwartet, dass man mit seiner Begabung immer und für jeden da ist. Dann heißt es ständig: Nur mal schnell schauen, ob dies oder das Projekt gut geht, ob der oder die Liebste wiederkommt, und vieles mehr. Grenzen Sie sich ab und gehen Sie sparsam mit Ihren Kräften um, wenn Sie vermeiden möchten, dass Ihre Energiespeicher zu schnell leer werden. Ein permanent niedriger Energiepegel ist nämlich sehr schlecht für die Gesundheit.

Und weil das Abgrenzen für Menschen mit einer medialen Begabung so wichtig ist, sind diese Menschen oft sehr einsam. Nur wenige haben Verständnis für ihr Talent und die Probleme, die es bringen kann. Das ist der Hauptgrund dafür, dass viele Medien ihre Begabung eher als Fluch denn als Segen betrachten und sich oft von ihrem Umfeld missverstanden oder ausgenutzt fühlen.

Nun kann es sein, dass all die Vorurteile bezüglich Ihrer medialen Begabung dazu geführt haben, dass Sie »aufgegeben« haben. Sie haben sich einfach geweigert hinzuschauen oder hinzuhören, und irgendwann hat es aufgehört. Aber da ist diese leise Stimme in Ihrem Innern, die Sie immer wieder daran erinnert, dass Sie außergewöhnliche Fähigkeiten besitzen. Sie haben das Gefühl, dass Sie mehr damit anfangen sollten, bekommen aber keinen Kontakt mehr. Angst ist eine große Barriere, die so manche Tür endgültig verschließt. Und das gilt nicht nur für das reale Leben, sondern auch für die Verbindung zur geistigen Welt. Wenn Sie die Tür zur geistigen Welt wieder öffnen wollen, könnten Sie ja einfach mal über das automatische Schreiben oder mit dem Ouija Brett nachfragen, wie das wohl zu bewerkstelligen wäre. Diese vorsichtige Annäherung würde beiden Seiten erlauben, wieder Vertrauen zueinander zu fassen. Das klingt vielleicht seltsam, aber zu einer wirklich guten Verbindung zur geistigen Welt gehört gegenseitiges Vertrauen.

Wenn Sie Ihre medialen Fähigkeiten ausbauen möchten, brauchen Sie viel Geduld. Das Alpha- und vor allem das

Theta-Stadium erreicht man nur mit viel Übung. Und erst wenn man in der Lage ist, seinen Kopf leer zu machen, kann man auch ein guter Empfänger sein. Ausnahmen bestätigen auch hier die Regel. Wenn Sie einen Beruf zwar gelernt haben, aber nicht ausüben, werden Sie die Grundregeln wahrscheinlich nicht verlernen, aber um gut in diesem Beruf zu sein, benötigen Sie regelmäßige Praxis. Das ist bei medialen Fähigkeiten nicht anders. Wenn man der geistigen Welt vertrauensvoll und mit offenem Herzen begegnet, wird man ein Urvertrauen in diese Welt und in das eigene Sein zurückgewinnen.

Träume – Ausflüge in andere Dimensionen

In unseren Träumen arbeiten wir längst nicht nur das am Tag Erlebte auf. Wir begeben uns auch in andere Dimensionen, treffen unsere anderen Ichs und tauchen in unsere anderen Leben ein. In Träumen bekommen wir Hinweise auf schwierige Situationen, aber auch auf das Ende von Problemen.

Ein Mann hatte große finanzielle Probleme, denn er war selbstständig, und die Auftragslage sah sehr schlecht aus. Da träumte er folgenden Traum: Er stand auf einem Berg und schaute auf die Stadt unter ihm. Plötzlich rollte eine schwarze Wolke langsam den Berg hinauf auf ihn zu. Er hatte richtig Angst. Die schwarze Wolke blieb kurz vor ihm stehen und bewegte sich nicht mehr. Der Mann sah das als gutes Zeichen. Der Traum schien ihm zu sagen, dass seine Probleme zwar groß, aber zu bewältigen waren. Von da an sah er sich mit etwas größerem Optimismus nach neuen Aufträgen um, und langsam, aber sicher verbesserte sich seine Lage. Dann hatte er wieder einen Traum. Er stand auf dem gleichen Hügel, aber diesmal war die Wolke, die langsam auf ihn zurollte, weiß. Er fühlte sich nicht mehr bedroht. Sein Traum gab ihm zu verstehen, dass die Gefahr gebannt war, was sich im Laufe der Zeit als richtig herausstellte.

Traumsymbolen kann man keine allgemein gültigen Bedeutungen zuweisen. Für den einen sind Bienen fleißige Tiere, harmlos und nützlich, für den anderen stellen sie eine Bedrohung dar. Wenn jetzt in einem Traum eine Biene auftaucht, so wird das für jeden Träumer eine andere Bedeutung haben. Ein Beispiel: Sie träumen von einer Biene, die mit ausgefahrenem Stachel vor Ihrer Nase herumschwirrt, aber Sie haben keine Angst. Wenn Sie sich gerade mit einem wichtigen Problem beschäftigen und Bienen für Sie bedrohlich sind, wird der Traum Ihnen sagen, dass Sie keine Angst vor einer Entscheidung haben müssen. Wenn Sie jedoch vor einer Entscheidung stehen und Bienen als harmlos betrachten, ist dies ein Hinweis, die Entscheidung noch einmal zu überdenken, weil möglicherweise Gefahr droht.

In Ihren Träumen sind Sie Ihrer Seele, Ihren vergangenen Leben und Ihrer Psyche ganz nah. Zeit und Raum existieren im Traum nicht. Sie bitten um Antworten und bekommen sie – in Bildern, die nur für Sie eine Bedeutung haben und die ganz auf Ihr Leben abgestimmt sind. Erschreckende Träume muss man immer in Zusammenhang mit seinem Leben und seiner inneren Einstellung sehen. Sie geben uns Hinweise, fordern uns vielleicht auf, das eigene Leben zu verändern, weil es in so krassem Gegensatz zu unserem inneren Willen steht. Träume zeigen uns unsere Ängste nicht etwa, damit wir noch mehr Angst bekommen, sondern damit wir auf diese Ängste zugehen und sie auflösen können. Träume sind das Portal, über das geistige Helfer aus dem Universum uns am ehesten erreichen können. Deshalb sollten Sie, wenn Sie Ihre Träume analysieren, auch Ihre innere Einstellung mit einbeziehen: Empfinden Sie Hunde als freundliche oder feindliche Tiere? Wie denken Sie über die Nacht? Sexy, voller Überraschungen, geheimnisvoll? Oder: Angst haben, sich einsperren müssen, nicht wagen vor die Tür zu gehen? Bedeutet ein Haus für Sie Sicherheit und Wärme? Oder empfinden Sie es eher als Klotz am Bein, weil Sie sich darum kümmern müssen und sich daher nicht mehr frei bewegen können? Sind Raketen für Sie ein Transportmittel auf dem Weg ins Weltall oder ein Kriegsgerät?

Legen Sie Block und Bleistift in Reichweite neben Ihr Bett und notieren Sie sich Ihre Träume sofort nach dem Aufwachen. Je öfter Sie das tun, umso öfter werden Sie sich an Ihre Träume erinnern. Manchmal sind Träume so lebendig, dass man sicher ist, sich jederzeit daran erinnern zu können. Aber in dem Moment, in dem man die Augen aufschlägt, sind fünfzig Prozent der Erinnerungen weg und in der folgenden Minute fast alle anderen. Was bleibt sind vage Erinnerungen.

Wie ich schon sagte: Sie können im Traum auch in unbekannte Welten reisen, in die Vergangenheit oder in die Zukunft, und Sie können Ihre Träume lenken. Sagen Sie sich vor dem Zubettgehen einfach, wohin Sie im Schlaf reisen möchten. Seien Sie Mitspieler in Ihrem Traum. Bevor Sie einschlafen, sagen Sie sich: »Ich werde in meinem Traum ganz wach sein und mich später an den Traum erinnern.« Vergessen Sie Block und Bleistift nicht.

Ein Blick in die Geschichte des Channelns

Seit es uns Menschen gibt, versuchen wir die Götter auf unsere Seite zu ziehen und herauszufinden, wie sich unsere Zukunft gestalten wird. Daran hat sich bis heute nichts geändert, außer den Methoden vielleicht. Früher hat man versucht, die Zukunft aus dem Verhalten von Spinnen und Insekten sowie aus den Eingeweiden von Fischen und anderen Tieren zu lesen. Die Eingeweideschau war besonders bei den Assyrern, Babyloniern und Etruskern sehr beliebt. Die Ägypter beschäftigten sich bereits mit Numerologie. Das hat auf den ersten Blick vielleicht nicht viel mit Channeln zu tun, aber wie ist das Wissen um die Bedeutung der einzelnen Zahlen in das menschliche Bewusstsein gekommen? Der griechische Geschichtsschreiber Herodot, der um 400 vor Christus die gesamte antike Welt bereiste, erzählt in seinem Reisebericht, dass die Ägypter das Geheimnis der Zahlen kannten. Pythagoras, der sich wie kein anderer mit diesem Geheimnis beschäftigte, hat daraus seine eigene Geheimlehre entwickelt. Ich selbst beschäftige mich seit Jahrzehnten mit der Numerologie und bin immer wieder ehrfürchtig beeindruckt, welche genauen und höchst individuellen Aussagen über eine Person man mit nur neun Zahlen machen kann.

Auch die Astrologie gehört hierher, denn zu irgendeinem Zeitpunkt in der langen Geschichte der Menschheit muss jemand dieses Wissen entweder mit auf die Erde gebracht oder aus der geistigen Welt gechannelt haben. Das kann in einem Traum passiert sein, in Form eines plötzlichen Geistesblitzes oder durch eine Seele, die auf die Welt kam und dieses Wissen mitbrachte. Horoskope sind immer noch genauso gefragt wie vor tausenden von Jahren. Man kann daher ohne Übertreibung sagen, dass beide Systeme – Numerologie und Astrologie – den Test der Zeit bestanden haben.

Wenn wir in der Geschichte zurückblicken, ist Hellsehen – das Vorhersehen der Zukunft – ein viel belegtes Phänomen. Allein das Alte Testament enthält zahllose Geschichten von Propheten. Das ist zum Beispiel Jeremia, ein Priestersohn, der 628 v. Chr. zum Propheten berufen wurde und die meiste Zeit seines Lebens in Jerusalem tätig war. Er war ein äußerst sensibler Mensch, der seine Gabe zunächst nicht annehmen wollte, vielleicht aus gutem Grund. Damit, dass er viel Unheil ankündigte, unter anderem die Zerstörung Jerusalems, machte er sich beim jüdischen Volk nämlich nicht gerade beliebt. Nach dem Fall Jerusalems floh Jeremia oder wurde nach Ägypten verschleppt, wo sich seine Spur verliert.

Jesaja, ein anderer großer Prophet, der im Alten Testament erwähnt wird, wurde ebenfalls berufen. Auch ihm wurde aufgetragen, seine Botschaft weiterzugeben, selbst wenn er dafür Widerstand und Feindschaft auf sich ziehen würde. Wie Jeremia lebte auch Jesaja in einer für sein Volk sehr stürmischen Zeit. Als Jerusalem vom Heer der Assyrer eingeschlossen war und mit den Belagerern einen Handel machen wollte, riet Jesaja davon ab – und behielt Recht. In der Bibel ist zu lesen, dass der Engel des Herrn hundertfünfundachtzigtausend Mann geschlagen hat. Herodot berichtet, eine Mäuseplage habe die Feinde in die Flucht geschlagen. Was es auch war, das Ergebnis bleibt das Gleiche.

Die Bibel erzählt auch noch von anderen Propheten, von Hesekiel, Hosea, Nathan, Elija, Daniel und vielen mehr, und all diese Geschichten werden noch heute ernst genommen.

Mohammed, der Gründer des islamischen Glaubens, hat seine Offenbarungen in einer Vision empfangen. Im Jahr 610 n. Chr. soll ihm nach eigenem Bekunden der Erzengel Gabriel erschienen sein und ihm befohlen haben, im Namen des Herrn, der ihn erschaffen habe, einen Text zu rezitieren, Da es Mohammed nicht gelang, auch nur ein Wort hervorzubringen, soll ihn der Engel gepackt und geschüttelt haben, bis er der Aufforderung schließlich nachkam. Damit begann die Reihe jener Offenbarungserlebnisse, die schließlich im heiligen Buch der Muslime, dem Koran, schriftlich niedergelegt wurden. Mohammed war zu jener Zeit etwa vierzig Jahre alt, und mit dieser Offenbarung begann sein Leben als Prophet Gottes und Begründer einer Weltreligion.

Dem historischen Buddha, als Prinz Siddhartha geboren, wurde schon kurz nach seiner Geburt prophezeit, dass er einmal einen hohen Grad der Erleuchtung erlangen werde – als großer König oder als heiliger Mann. Wegen dieser Prophezeiung wurde Siddhartha nicht von Brahmanen erzogen. Außerdem durfte er sich auf Befehl seines Vaters nur im Palast aufhalten und kein Leid sehen. Doch im Alter von 29 Jahren kehrte er dem luxuriösen Leben im Palast den Rücken und machte sich auf die Suche nach innerer Erfüllung. Im Alter von 35 Jahren hatte er unter einer Pappelfeige sein Erleuchtungserlebnis. Von da an war er Buddha, der Erwachte.

Diese Beispiele machen deutlich, dass Vorhersagen, Prophezeiungen und mediale Botschaften in einem religiösen Zusammenhang als durchaus glaubwürdig empfunden werden. Aber noch etwas anderes erfahren wir: Propheten werden nicht unbedingt geliebt für die Botschaften, die sie empfangen. Aus der griechischen Mythologie kennen wir die Seherin Cassandra. Sie war eine Prinzessin, die Tochter von König Priamus und Königin Hekuba von Troja. Apollo schenkte ihr die Gabe der Prophezeiung, weil er sie liebte. Doch als er merkte, dass Cassandra seine Liebe nicht erwiderte, belegte er ihre Prophezeiungen mit einem Fluch: Niemand soll den Vorhersagen der Cassandra Glauben schenken. Und der Fluch wirkt. Als Cassandra den Untergang Trojas vorhersagt, wird sie für verrückt erklärt und eingesperrt. Später kommt sie als Kriegsbeute an den Hof König Agamemnons von Mykene und wird zusammen mit diesem von Clytemnestra, der Frau des Agamemnon, ermordet. Auch Agamemnon hatte Cassandras Warnungen nicht ernst genommen.

Zu allen Zeiten wurden medial begabte Menschen entweder bewundert und verehrt oder beschimpft und verachtet. Oft mussten sie sogar um ihr Leben bangen, und doch wollte man sie nicht missen, denn sie hatten eine Nähe zu anderen Dimensionen, die viele gern gehabt hätten, aber nicht zu suchen wagten. Das gab ihnen natürlich auch eine gewisse Machtposition, und manche Medien wussten sich die Gutgläubigkeit und Unwissenheit der Menschen durchaus zu Nutze zu machen. Das ist auch heute noch so. Im Mittelalter war es allerdings besonders schwierig, wenn nicht gar unmöglich, als medial begabter Mensch zu überleben, es sei denn, man sicherte sich die Gunst des Adels. Nostradamus erfreute sich beispielsweise der Gunst Maria von Medicis, was sicherlich nicht unwesentlich dazu beigetragen hat, ihn vor dem Scheiterhaufen zu bewahren. Medial begabte Menschen waren schon immer Außenseiter der Gesellschaft, und daran hat sich bis heute nicht viel geändert. Es gab jedoch eine Zeit, in der mediale Begabungen, Hellsichtigkeit und andere außersinnliche Fähigkeiten ernsthaft untersucht und geprüft wurden. Medial begabte Menschen mussten unglaublich strenge Kontrollen über sich ergehen lassen, um auszuschließen, dass sie nicht betrogen. Mit diesen Untersuchungen war begonnen worden, nachdem die Geschwister Fox in ihrem Haus in Hydesville, USA, ein Klopfen gehört hatten. Die Schwestern klopften zurück und bekamen ein erneutes Klopfen als Antwort. Anschließend legten sie Klopfzeichen für Ja und Nein fest und konnten sich auf diese Weise mit dem Geist unterhalten. Im Jahr 1849 wurde in Rochester ein Komitee gegründet, das die Behauptungen der Mädchen prüfen sollte. Man kam zu dem Schluss, dass sie stimmten, denn die Mädchen hatten sich im Beisein des Komitees mit dem Geist unterhalten. Ein zweites Komitee, das gegründet wurde, weil man dem ersten nicht glauben wollte, kam zu dem gleichen Ergebnis.

Von da an hatten Medien Hochkonjunktur – echte wie unechte. Um die Spreu vom Weizen zu trennen und herauszufinden, ob es wirklich eine Verbindung zu Geistern geben kann, gründeten mehrere angesehene Gelehrte aus Cambridge 1882 in London die *Society for Psychical Research.* Diese Gesellschaft hat es sich zur Aufgabe gemacht, außergewöhnliche Phänomene zu untersuchen, und zwar auf eine unvoreingenommene, wissenschaftliche Art und Weise. Die *Society for Psychical Research* existiert immer noch und führt nach wie vor Untersuchungen mit dem Ziel durch, Geschehnisse zu verstehen, die man normalerweise als übersinnlich oder parapsychologisch bezeichnen würde. Die Mitglieder dieser Gesellschaft waren und sind Wissenschaftler, Philosophen und Physiker. Sogar ein ehemaliger britischer Premierminister war Mitglied.

Im Jahr 1885 wurde die *American Society for Psychical Research* gegründet. Sie stellte sich die gleiche Aufgabe wie ihr englisches Pendant.

Zu den Spiritisten in der damaligen Zeit gehörte auch der Schriftsteller Victor Hugo (*Der Glöckner von Notre Dame, Les Miserables*). Es wird berichtet, dass er sich, als er 1852 aus Frankreich ausgewiesen wurde, weil er sich gegen Napoleon aufgelehnt hatte, unter anderem mit Tischrücken beschäftigte und Kontakt zu Moses gehabt haben soll. Auch Karl May beschäftigte sich mit dem Spiritismus und hielt in seinem Haus Séancen mit dem Medium Anna Rothe ab. In seinem Buch *Am Jenseits* geht es um Nahtod-Erfahrungen.

Arthur Schopenhauer sagt in seinem *Versuch über das Geistersehen* von 1851, dass es uns angeboren sei, an Geister zu glauben, und dass die Geister durch die nun eingesetzte Spiritismus-Welle rehabilitiert seien.

Der eigentliche Begründer des Spiritismus in Europa ist Allan Kardec. Allan Kardec, mit bürgerlichem Namen Hippolyte Léon Denizard Rivail, wurde 1804 geboren, in der Schweiz erzogen und gehörte zu den herausragenden Schülern Pestalozzis. Von 1835 bis 1840 hielt er in seiner Wohnung Gratiskurse in Chemie, Physik, vergleichender Anatomie und Astronomie ab. Er war ein rein von Vernunft getriebener Mensch. Als sich um 1855 alle Welt mit Geistermanifestationen beschäftigte, wählte Hippolyte Lèon Denizard Rivail das Pseudonym Allan Kardec und begann sich intensiv mit spiritistischen Phänomenen und Reinkarnation auseinander zu setzen. In der Folgezeit schrieb er mehrere Bücher: 1857 *Das Buch der Geister*, 1861 *Das Buch der Medien*, 1865 *Himmel und Hölle. Die göttliche Gerechtigkeit im Lichte des Spiritismus*, 1868 *Genesis. Die Schöpfungsgeschichte, Wunder und Weissagungen im Lichte des Spiritismus*, und andere. 1858 – 24 Jahre vor Gründung der *Society for Psychical Research* in London – gründete er in Paris die erste regelrecht eingesetzte spiritistische Gesellschaft der Welt, die *Société Parisienne des Etudes spirites*. Ausschließliches Ziel dieser Gesellschaft war das Studium all dessen, was zum Fortschritt des Spiritismus beitragen konnte.

Allan Kardec setzt sich in seinen Büchern sehr klar mit der Welt der Geister auseinander und untermauert seine Argumente und Einsichten mit entsprechenden Beweisen, im Buch der Geister zum Beispiel mit über tausend Fragen an und Antworten von Geistwesen. Im *Buch der Medien* setzt er sich mit allen Aspekten medialer Fähigkeiten auseinander, und seine Beweisführung, dass es Geister und die geistige Welt gibt, ist heute noch so relevant wie vor über 150 Jahren. Kardec sagt zum Beispiel:

> »Gott ist die höchste Intelligenz und
> der Ursprung von allem. Er ist ewig,
> unveränderlich, immateriell, einzig,
> allmächtig, souverän, gerecht und gut.«

Und: »Das Universum ist die Schöpfung Gottes.
Es umfasst alle denkenden und nicht
denkenden, beseelten und nicht beseelten,
materiellen und immateriellen Wesen.«

Im *Buch der Geister*, Kapitel »Das Gesetz der Gleichheit« wird die Frage »Sind vor Gott alle Menschen gleich?« so beantwortet:

> *»Ja. Alle streben demselben Ziel zu und
> Gott gab seine Gesetze für alle. Ihr sagt so oft
> ›Die Sonne scheint für alle‹, und damit sagt
> ihr eine größere Wahrheit als ihr denkt.«*

Kardecs Lehre verbreitete sich später vor allem in Brasilien und entwickelte sich dort zu einer regelrechten Volksbewegung. Noch heute arbeiten brasilianische Spiritisten wie selbstverständlich als Heiler in den Krankenhäusern. Allan Kardecs sterbliche Überreste ruhen auf dem Pariser Friedhof Père-Lachaise. Auf seinem Grab steht ein keltischer Druidenstein, der immer mit frischen Blumen geschmückt wird. Weil seine Büste täglich von so vielen Verehrern mit den Fingern berührt wird, zeigt sie schon deutliche Spuren der Abnutzung.

Bekannte Medien

Der direkte Kontakt mit dem Jenseitigen wurde von den christlichen Kirchen jahrtausendelang verboten, und als sich die Menschen endlich wieder mehr persönliche Denkfreiheit erkämpft hatten, hat die Wissenschaft die Existenz der geistigen Welt in Frage gestellt und damit jeden Versuch, mit ihr in Kontakt zu kommen, ins Lächerliche gezogen. Medien wurden als Scharlatane entlarvt, und wenn man einen entlarvt hatte, musste dieser Fall als Beweis für alle herhalten. So konnte man geflissentlich übersehen, dass es auch Phänomene gab, die weder zu erklären noch als Lug und Trug zu entlarven waren.

Wenn man nach Beweisen für eine Verbindung zwischen Himmel und Erde sucht, muss man sich auch die Frage stellen, warum selbst in den letzten zwei Jahrtausenden dieses Gefühl, dass wir mit dem Universum in Verbindung stehen, nie ganz auszumerzen war. Warum haben sich Menschen nie beirren lassen in ihrem Glauben an eine geistige Welt, auch wenn sie sich oft davor fürchteten? In schwierigen Zeiten sind die Praktiken der Séancen, des Tischrückens, des Kartenschlagens, des Handauflegens und des Besprechens von Kranken in die Hinterzimmer verschwunden, aber ganz ist das Channeln nie von der Bildfläche verschwunden. Warum nicht? Wenn nichts dran ist an all dem, warum bleibt es dann so hartnäckig am Leben?

Ich werden Ihnen auf den folgenden Seiten einige berühmte und sehr erfolgreiche Medien vorstellen. Auch sie wurden zu ihrer Zeit belächelt oder angegriffen, egal, wie oft sie ihre Fähigkeiten unter Beweis stellen konnten. Das liegt einfach daran, dass wir unsere Welt nur mit dem Verstand begreifen wollen, was schlicht und ergreifend nicht möglich ist, denn die Welt ist viel größer als wir. Ich habe noch keine Pflanze gesehen, die ihre Existenz und ihr Recht auf Kreativität grübelnd infrage gestellt hätte. Sie wächst und blüht so schön und vielfältig, wie sie kann. Nur wir Menschen stellen unser Recht auf Existenz und Kreativität infrage. Wird die kreative Flamme unseres Daseins nicht jeden Tag neu bestätigt, sobald die Sonne am Himmel aufgeht? Wir aber orientieren uns nicht am Wunder des Lebens, sondern an unseren selbst geschaffenen kleinen Alltagsproblemen. Doch die Sonne geht jeden Tag neu auf, und wir können unsere Welt jeden Tag neu gestalten. Und es gab und gibt immer wieder ungewöhnlich begabte Menschen, die uns genau das mitteilen wollten.

Wolf Messing

Wolf Messing gehörte zu den wirklich großen Medien des letzten Jahrhunderts. Er wurde 1899 als Sohn sehr armer jüdischer Eltern in Polen geboren und hatte schon als Kind die Fähigkeit der Telepathie und die Gabe des zweiten Gesichts. Wegen seiner auffallenden Intelligenz wurde er bereits mit zehn Jahren in eine bekannte Rabbinerschule geschickt. Mit zwölf machte er sich allein auf den Weg in die Welt. Er wusste nicht, warum er alle Sicherheit hinter sich ließ, sondern folgte einfach seiner inneren Stimme und landete in Berlin. Sein erstes wichtiges Erlebnis hatte er im Zug nach Berlin. Er hatte keine Fahrkarte, und als der Schaffner seinen Fahrschein verlangte, gab Messing ihm ein Stück Zeitung. Der Schaffner knipste die Zeitung und gab sie ihm als gültige Fahrkarte zurück. Das war der erste Beweis für eine außergewöhnliche Fähigkeit: Messing konnte sich in andere Menschen hineinversetzen und deren Wahrnehmung nach seinem Willen lenken.

Auch seine Vorhersagen bewahrheiteten sich. Bereits 1933 sagte er voraus, dass Hitler nicht an der Macht bleiben würde. Das machte ihm zum Staatsfeind Nummer eins, der sogar steckbrieflich gesucht wurde. Er floh nach Russland, wo man ihn unter Stalin als privilegierten Künstler behandelte. Er durfte seine Gabe sogar öffentlich vorführen, wenn auch unter strenger Aufsicht. Nach Stalins Tod wurde er eingesperrt, und es sah recht hoffnungslos für ihn aus. In ihrem Buch *Wolf Messing, Hellseher und Magier* erzählt Topsy Küppers, seine Biographin, dass sich Messing in dieser Situation auf seine Wärter konzentrierte und sie schließlich dazu brachte, in seine Zelle zu gehen und ihm den Schlüssel zu geben. Dann schloss er sie ein und verließ das Gefängnis.

Messing war ein bescheidener Mann, der mit seiner Gabe sehr vielen Menschen geholfen hat. Es heißt, dass sich der russische Geheimdienst sehr für ihn interessiert hat und ihn sogar rekrutieren wollte, was aber nicht gelang. Man hatte großen Respekt, aber auch große Angst vor seinen Fähigkeiten. Messing starb 1976, und die Nachricht von seinem Tod musste aus Russland herausgeschmuggelt werden.

José Arigo

José Arigo, 1918 in Brasilien geboren, war dafür bekannt, dass er mit seinen übernatürlichen Kräften Operationen durchführen konnte. Er wurde sich seiner Gabe zum ersten Mal bewusst, als er einer kranken Verwandten gegenüberstand, der man bereits die Sterbesakramente gegeben hatte. José schnappte sich ein Messer aus der Küche und entfernte den Riesentumor, der die Frau in diese Lage gebracht hatte. Sie erholte sich. Die Nachricht von dieser Wunderheilung verbreitete sich rasch, und bald behandelte Arigo sehr viele Menschen. Er gab an, mit dem Geist des deutschen Arztes Adolph Fritz zusammenzuarbeiten, unter dessen Anleitung diese außergewöhnlichen Heilungen zustande kämen. 1956 wurde José Arigo wegen illegaler medizinischer Praxis verhaftet und zu einer Haftstrafe von acht Monaten verurteilt, aber der brasilianische Präsident begnadigte ihn. 1964 musste er erneut ins Gefängnis, obwohl es ihm in seiner Verhandlung gelungen war, den Richter mit seinem Talent zu beeindrucken. Auch während er im Gefängnis saß, durfte er weiterhin Menschen behandeln. Man erzählte sich, dass er oft die primitivsten Instrumente für seine Operationen benutzte oder einfach nahm, was gerade da war. Filippe Immesi, der Richter, der ihn verurteilt hatte, schrieb nach einem Besuch im Gefängnis, er habe gesehen, wie Arigo eine Schere nahm, sie an seinem Hemd abwischte und dann die Hornhaut im Auge seiner Patientin damit aufschnitt. Sie zuckte nicht einmal, obwohl sie bei völligem Bewusstsein war. Der Katarakt war in Sekundenschnelle draußen. Arigo sprach ein Gebet und wenige Tropfen Flüssigkeit erschienen auf einem Baumwolllappen in seiner Hand. Damit wischte er das Auge der Frau aus, und sie war geheilt.

Edgar Cayce

Edgar Cayce, geboren am 18. März 1877 in Kentucky, gilt als einer der größten Seher und Heiler des 20. Jahrhunderts. Cayce war ein tiefgläubiger Mensch, der jeden Tag in der Bibel las und trotzdem nach und nach zu der Überzeugung gelangte, dass es ein Leben nach dem Tod gibt und dass jeder Mensch, oder besser gesagt jede Seele, mehr als einmal geboren wird. Im Laufe seines Lebens erhielt Edgar

Cayce unzählige Anfragen von kranken Menschen, und er war stets in der Lage, die gesundheitlichen Probleme dieser Menschen genau zu diagnostizieren, ohne dass er sie selbst zu Gesicht bekam. Dazu legte er sich in seinem bescheidenen Haus auf ein Bett und begab sich in tiefe Trance. Bei all diesen Sitzungen waren seine Frau und seine Sekretärin anwesend. In dem Buch *Der Schlafende Prophet* berichtet Jess Stearn, wie Cayce und seine Frau Gertrude eine solche Lesung durchführten. Gertrude begann immer mit dem Satz: »Du hast den Körper von ... vor dir, der sich in ... befindet. Du wirst diesen Körper sorgfältig prüfen und die Fragen beantworten, die ich dir stelle.« Dann beschrieb Cayce die Krankheit und gab Anweisungen, wie sie zu heilen sei und zu welchem Arzt dieser Patient gehen solle. Manchmal waren die Arzneimittel, die er angab, unbekannt, aber es fand sich immer eine Möglichkeit, sie doch zu finden. Wenn er wach war, konnte sich Edgar Cayce an nichts erinnern. Auch hatte er kein medizinisches Fachwissen, das in der Trance ohne Zweifel vorhanden war. Offenbar konnte sein Unterbewusstsein Informationen erreichen, die seinem Bewusstsein nicht zugänglich waren.

Den Wunsch, möglichst vielen Menschen zu helfen, hat sich Edgar Cayce auf Kosten seiner eigenen Gesundheit erfüllt. Vielleicht bekommen Sie eine Vorstellung von seinem Arbeitspensum, wenn Sie die folgenden Fakten lesen: Edgar Cayce hat mehr als neuntausend Gesundheitslesungen durchgeführt. Sobald ihm seine Frau die Adresse eines

Patienten durchgab, konnte er ihn finden. Und wenn der Patient nicht zum ausgemachten Zeitpunkt am angegebenen Ort zu finden war, suchte er ihn, bis er ihn fand. In fast zweitausend Lebenslesungen befasste er sich mit der gegenwärtigen gesundheitlichen und emotionalen Lage des jeweiligen Patienten und gab Hinweise, wie dieser Zustand auch durch vergangene Leben beeinflusst wurde.

Er machte über siebenhundert Lesungen zu wirtschaftlichen Themen, in denen er unter anderem den Börsenkrach von 1929 voraussah.

Edgar Cayce konnte für seine Gabe kein Geld verlangen. Wann immer er es versuchte, bekam er fürchterliche Kopfschmerzen und wurde krank. Das führte dazu, dass er zeit seines Lebens Geldprobleme hatte. Schließlich wurde die *Edgar Cayce Foundation* gegründet, in die jeder, der eine Lesung wollte, einen Jahresbeitrag von zwanzig Dollar einzahlen sollte. Dieses Geld wurde oft nicht überwiesen, aber Cayce lehnte es ab, Mahnungen zu schreiben oder irgendwelche Hilferufe auszusenden.

Cayce, der auch Träume deutete, ermutigte all seine Klienten, sich mit ihren Träumen zu beschäftigen und die so gewonnenen Einsichten im täglichen Leben zu nutzen. Er wies darauf hin, dass jeder Mensch seine eigenen Traumsymbole habe, und sagte, dass man in Träumen auch Kontakt mit Verstorbenen aufnehmen, sich an vergangene Leben erinnern, eine mögliche Zukunft vorhersehen und andere übersinnliche Erfahrungen machen könne.

Jane Roberts

Jane Roberts, geboren am 8. Mai 1929 in Saratoga Springs, hat in ihren medialen Sitzungen mit einem Geistwesen namens Seth einen wertvollen Schatz an Wissen gesammelt. Bevor sie ihre medialen Fähigkeiten entdeckte, war sie eine ganz normale Frau gewesen. Sie hatte drei Jahre lang englische Literatur am Skidmore College studiert, den Maler Robert J. Butts geheiratet und Romane und Gedichte geschrieben. In ihrem ersten Seth-Buch (*The Seth Material*) erzählt sie, wie sie zum Medium wurde.

Eines Abends im Jahr 1963 sei plötzlich eine Lawine radikal neuer Ideen über sie hereingebrochen. Es habe sich angefühlt, als sei ihr Schädel ein bis zum Anschlag aufgedrehtes Radio. Da seien aber nicht nur neue Ideen auf sie eingestürmt, sondern auch unglaublich intensive und pulsierende Empfindungen. Sie sagt, es sei wie ein LSD-Trip gewesen, nur eben ohne LSD. Dabei habe sie wie verrückt geschrieben und sich gefühlt, als würde Wissen in jede Zelle ihres Körpers eingepflanzt, damit sie es ja nicht vergesse.

Seth sagte später, dies sei der erste Versuch gewesen, mit ihr in Kontakt zu treten. Kurz danach konnte sie ihre Träume abrufen und hatte ihre ersten Vorausahnungen. Als ihr Mann Rob ihr vorschlug, ein Buch über außersinnliche Wahrnehmungen zu schreiben und darin zu erklären, wie auch ein ganz normaler Mensch seine Fähigkeit zur außersinnlichen Wahrnehmung entwickeln könne, schickte sie diese Idee an ihren Verleger. Sie wurde sofort aufgegriffen. Da auch ein Kapitel über das Ouija Brett enthalten sein sollte, experimentierten ihr Mann und sie mit einem ganz alten Brett, das ihnen ein Nachbar überlassen hatte. Schon bald meldete sich ein Wesen namens Frank Withers, das ihnen konkrete Fakten aus seinem früheren Leben übermittelte. In der nächsten Sitzung »lief« die Planchette so schnell über das Brett, dass sie kaum noch mitkamen. Die Nachrichten wurden länger, die Atmosphäre änderte sich, und Frank Withers nannte sich plötzlich Seth. Nach einiger Zeit kannte Jane Roberts Seths Antworten schon, bevor sie auf dem Brett erschienen, und es drängte sie mehr und mehr selbst zu sprechen, also ohne Ouija Brett.

Als Medium hat Jane Roberts es sich nicht leicht gemacht. Sie war sehr skeptisch und auch immer bemüht, die Kontrolle zu behalten. Wenn sie für Seth zu sprechen begann, setzte sie sich anfangs nie hin, weil sie sichergehen wollte, dass sie fest auf dem Boden verankert blieb. In dieser Zeit machte sie auch ihre ersten außerkörperlichen Erfahrungen. Jane Roberts gab viele Jahre lang Kurse in außersinnlicher Wahrnehmung. Susan M. Watkins beschreibt, wie diese Kurse abliefen. Jane sprach und plötzlich meldete sich Seth und beantwortete die Fragen der Teilnehmer. Sie diskutierten über philosophische und metaphysische Themen. Dabei stellte Seth nicht nur seine Gabe, die schwierigsten Themen klar und deutlich zu erklären, unter Beweis, sondern er hatte auch einen richtig guten Humor. In diesen Klassen wurde viel gelacht. Wenn Seth erschien, veränderte sich Jane Roberts Aussehen ganz subtil. Sie legte ihre Brille ab, ihre Augen wurden dunkler und ihr Gesicht kantiger.

Weil die Seth-Bücher Anfang der siebziger Jahre so unglaublich erfolgreich waren, konnte sich Jane Roberts ganz ihrer schriftstellerischen Arbeit und dem Channeln mit Seth widmen. Sie verstarb im Alter von nur 55 Jahren am 5. September 1984 in Elmira.

James van Praagh

James van Praagh wurde als jüngstes von vier Kindern in Bayside, New York, geboren. Er war nach eigenen Angaben ein durchschnittlicher Junge mit einer großen Faszination für alles, was mit dem Tod zu hatte. Seine ersten übersinnlichen Erfahrungen machte er schon sehr früh, betrachtete sie aber als selbstverständlich. Er erzählt, dass er irgendwann mit einem anderen Jungen am Ouija Brett gespielt und plötzlich die Nachricht erhalten habe: »Frage unklar, versuch es später.« Später fragten er und sein Freund, ob Janis Joplin da sei und ihnen über die angezündeten Kerzen ein Zeichen geben könne. Plötzlich bewegte sich eine Kerze von links nach rechts. Beide Kinder, damals zehn Jahre alt, flohen aus dem Zimmer. Sein bedeutendstes Kindheitserlebnis hatte er mit acht, als auf seine Frage nach Gott plötzlich eine Hand aus der Zimmerdecke auf ihn zukam. Die Hand pulsierte in einem weißen Licht. Der kleine James war nicht erschrocken, sondern empfand nur ein überwältigendes Gefühl von Frieden, Liebe und Freude.

Auf Wunsch seiner Mutter trat James van Praagh mit vierzehn Jahren in ein Priesterseminar ein. Doch nach einem einschneidenden Erlebnis wurde ihm klar, dass er seine Berufung woanders suchen musste. An diesem bewussten Karfreitag saß er in der Kirche vor der Monstranz. Plötzlich überkam ihn das gleiche Gefühl des Friedens, der Liebe und der Freude wie damals, als die Lichthand aus seiner Zimmerdecke gekommen war, und er fühlte sich eins mit Gott. Danach wollte er zunächst Schriftsteller werden und ging nach Hollywood, aber er blieb erfolglos. Eine Sitzung mit einem Medium brachte schließlich die große Wende. Das Medium erzählte ihm, dass er eines Tages für andere Menschen Kontakt mit Verstorbenen aufnehmen würde. In seinem Buch *Und der Himmel tat sich auf* erzählt James van Praagh, wie er kurz danach anfing gezielte Übungen zu machen. Zum Beispiel nahm er das Bild einer Person in die Hand und versuchte zu beschreiben, wie alt sie war, was sie wohl mochte und was nicht, ob sie in diesem Moment traurig oder glücklich war, und so weiter. Nach einer Weile wurde er immer sensibler und begann, im Freundeskreis als Medium zu arbeiten. In einer dieser Sitzungen hatte er zum ersten Mal direkten Kontakt mit der

Seele eines Verstorbenen. Von da an arbeitete er nur noch als Medium. Er sagt, er fühle die Emotionen und die Persönlichkeit der Verstorbenen, erst dann könne er die Person sehen.

James van Praagh versteht sich als Brücke zwischen der Ebene der Lebenden und der Welt der Verstorbenen. Er erhält detaillierte Nachrichten von Verstorbenen und gibt diese an deren Angehörige weiter. Wie alle Medien muss auch er sich immer wieder mit Skeptikern auseinander setzen, aber er scheut diese Auseinandersetzungen nicht und stellt sein Können auch gern live zur Schau, zum Beispiel in der bekannten Larry King Show.

Der Mühlhiasl

Der legendäre Seher Mathias Lang, alias Mühlhiasl, soll Ende des 18. bis Anfang des 19. Jahrhunderts in Hunderdorf bei Straubing gelebt, sich unter anderem in der Gegend um Rabenstein aufgehalten und in Zwiesel im Bayerischen Wald seine letzte Ruhe gefunden haben. Im Bayerischen Wald erzählt man sich viele Geschichten über ihn. Einmal soll er vom nahe gelegenen Kloster Windberg ein Darlehen aufgenommen haben, um seine Frau und seine acht Kinder vor dem Hungertod zu bewahren. Als er die Summe nicht zurückzahlen konnte, wurde er von seinem Land verjagt, woraufhin er seine erste Prophezeiung aussprach:

»So wie ihr mich jetzt verjagt, so werden euch bald andere aus dem Kloster jagen!«

Nur zwei Jahre später, im Jahre 1803, bewahrheitete sich dieser Spruch, nämlich als das Kloster im Zuge der Säkularisation aufgelöst wurde.

Der Mühlhiasl soll auch in eindrücklichen Bildern von den künftigen Entwicklungen in seiner Heimat gesprochen haben. Angeblich zeigte er die Stelle, bis zu der in Hunderdorf später die Eisenbahnlinie gebaut werden sollte, sprach von einem drohenden Krieg und angeblich sogar von der Inflation nach dem Ersten Weltkrieg.

»Es wird ein großer Krieg kommen. Ein Kleiner fangt ihn an, und ein Großer, der übers Wasser kommt, macht ihn aus.«

»Geld wird gemacht, so viel, dass man's gar nimmer kennen kann. Wenn die Leut in der Luft fliegen können, wenn die Wagen ohne Ross und Deichsel fahren, wenn die Leute mit zweiradligen Karren fahren, so schnell, dass kein Ross und kein Hund mitlaufen kann, dann steht's nimmer lang an.«

Es wird heute immer wieder angezweifelt, dass es den Mühlhiasl wirklich gegeben hat. Viele glauben, seine angeblichen

Vorhersagen seien den Phantasien der Bewohner des Bayerischen Waldes entsprungen, da sie ja nur mündlich überliefert sind.

Alois Irlmaier

Alois Irlmaier hatte seine ersten Visionen um 1928. Er sah Lebende und Tote, Landschaften, Striche und Zahlen. Die Bilder waren so deutlich wie auf einer Kinoleinwand. Nur Tote sah er als graue Schemen, wie hinter einem Schleier.

Vor seiner Hütte standen manchmal hunderte von Leuten, die Rat und Trost bei ihm suchten. Conrad Adlmaier, der den Seher 18 Jahre lang überprüfte, berichtet, dass er Irlmaier 1943 in einer kleinen Bretterhütte fand, vor der sich eine lange Schlange von Besuchern gebildet hatte. Die meisten der geduldig Wartenden wollten damals wissen, ob ihre Angehörigen aus dem Krieg wieder nach Hause kommen würden, und es war sehr schwer für diesen Mann, wenn er schlechte Nachrichten sehen und fühlen konnte. Manchmal musste er »drum herum« reden, weil die Wahrheit einen zu großen Schock ausgelöst hätte. Er machte übrigens keinen Unterschied zwischen Arm und Reich und ließ die Schwester des Generals Clay genauso warten wie jede arme Bauersfrau.

Später wurde Alois Irlmaier wegen Gaukelei angezeigt, aber alle Zeugen sagten aus, dass er kein Geld für seine

Dienste verlangt habe. Dennoch erging es ihm wie fast allen Sehern: Er wurde verspottet und verleumdet. Schließlich zog er sich verbittert zurück, baute einen hohen Zaun um sein Haus und legte sich einen Hund zu, der die Hilfesuchenden verbellte.

Eine seiner Vorhersagen betraf die Fliegerangriffe im Zweiten Weltkrieg. Er gab einer Verwandten in Rosenheim den Rat, bei Fliegeralarm nicht in die Mitte des Bunkers am Salinenplatz zu gehen, weil er dort lauter Leichen liegen sehe, während den Leuten am Eingang des Stollens nichts geschehe. Das sprach sich schnell herum, und alle richteten sich danach. Beim nächsten schweren Luftangriff flüchteten die Menschen in den Bunker, mieden aber die Mitte. Als die Bomben schon fielen, drängten sich durchreisende Soldaten trotz aller Warnungen in die Mitte und fielen gleich darauf einem Volltreffer zum Opfer. Die Menschen am Stolleneingang blieben unverletzt.

Hin und wieder half Alois Irlmaier der Polizei. Es wird erzählt, dass eines Tages drei Polizisten bei ihm vorfuhren. Als sie ausstiegen, empfing er sie mit den Worten: »Was wollt's denn ihr bei mir mit eurem gestohlenen Wagen?« Das Automobil war tatsächlich unrechtmäßig enteignet worden, was die Polizisten zu dieser Zeit aber nicht wussten. Sie waren gekommen, weil sie das Opfer eines Mordes suchten. Die Leiche war spurlos verschwunden. Irlmaier beschrieb den Polizisten die Stelle, wo der Ermordete begraben war, und fügte hinzu: »Da liegt er mit der silbernen Platte im

Bauch, da findet ihr ihn.« Und tatsächlich wurde die Leiche an dem beschriebenen Ort gefunden. Beim Sezieren stellte sich heraus, dass der Ermordete wirklich eine silberne Platte unter dem Bauchfell trug, was niemand gewusst hatte. Der Mord wurde restlos aufgeklärt.

Im Jahr 1954 schickte ein Bekannter des Traunsteiner Redakteurs Conrad Adlmaier aus Spaß sein Lichtbild an Irlmaier und bat, ihm etwas über seine Zukunft mitzuteilen. Er erhielt keine Antwort. Dafür teilte Irlmaier dem Redakteur Folgendes mit: »Dein Freund lebt nicht mehr lang. Über seinem Todestag sehe ich die Sonne senkrecht stehen. Sag ihm aber nichts davon!« Zwei Jahre vergingen. Am Sonntag nach Fronleichnam, am 3. Juni 1956, starb der Mann ganz plötzlich an einem Schlaganfall. Der Tod trat zur Sonnenwende ein.

Heinz Waltjen, der Heimatpfleger von Rabenstein, erzählt, dass Irlmaier einmal gebeten wurde, eine Wasserader zu suchen. Er ging einfach los, ohne eine Wünschelrute mitzunehmen, und als er gefragt wurde, warum, meinte er, er brauche keine. Nur wenn Leute dabei seien, würde er eine Weidenrute, einen Draht oder was halt zur Verfügung stehe, in die Hand nehmen, damit die Zuschauer was zu sehen hätten.

Heinz Waltjen berichtet auch, dass Alois Irlmaier ihn einmal auf seine Bitte hin untersucht habe. Dabei habe er seinen Körper von Kopf bis zu den Füßen in 20 Zentimeter Abstand abgetastet, ohne ihn zu berühren und schließlich ein gebrochenes Bein diagnostiziert. Als Waltjen bestritt, sich ein Bein gebrochen zu haben, sagte Irlmaier ihm auf den Kopf zu, er verschweige ihm etwas. Da gab Waltjen zu, noch einen Granatensplitter aus dem Krieg in diesem Bein zu haben.

(Diese Informationen stammen aus dem Buch *Bayerische Hellseher* von Wolfgang Johannes Bekh, siehe »Literatur« ab Seite 223. Ich habe sie einem Artikel in der Zeitschrift »Wegbegleiter« vom November 1997, Nr. 6, II. Jahrgang, Seite 276 ff. entnommen.)

Anna Katharina Emmerick

Anna Katharina Emmerick wurde wahrscheinlich am 8. September 1774 in Coesfeld-Flamschen geboren. Die Schule besuchte sie nur vier Monate. Danach verdiente sie sich ihr Brot als Magd. 1802 trat sie auf eigenen Wunsch in das Kloster der Augustinerinnen in Dülmen, Westfalen, ein. Während ihrer Zeit im Kloster war sie häufig krank und litt unter großen Schmerzen. Als das Kloster im Zuge der Säkularisation aufgelöst wurde, trat sie als Haushaltshilfe in die Dienste des aus Frankreich geflüchteten Abbé Lambert. Doch auch in seinem Haus wurde sie bald so krank, dass sie es nicht mehr verlassen konnte. Sie empfing die Stigmata (Jesu Wundmale an Händen und Füßen) und durchlebte jeden Freitag die Passion Christi. Außerdem sah sie in ihren Visionen Ereignisse aus der Schöpfungs- und Heilsgeschichte. Auch viele Wunder soll sie vollbracht haben. Beispielsweise soll eine schwer an Lungen- und Kehlkopftuberkulose erkrankte Ordensfrau Anna Katharina Emmerick um Fürsprache bei Gott gebeten haben, woraufhin sie auf unerklärliche Weise Heilung erfuhr.

Zwischen 1816 und 1824 besuchte der Dichter Clemens Brentano die damals Schwerkranke und schrieb ihre Visionen auf, wobei er ihre Worte mit eigenen Hinzufügungen und dichterischen Passagen mischte. Angeblich entdeckte man später aufgrund dieser Aufzeichnungen die Grabstätte und das Haus der Gottesmutter Maria auf einem Hügel in der Nähe von Ephes (Ephesus) in der Türkei.

Zum Schluss

Channeln ist, wie wir gesehen haben, ein sehr weites Feld, das von der Lebensberatung bis zur Heilung reicht. Hier, wie in allen Bereichen des Lebens, ist es wichtig, die notwendige Sorgfalt walten zu lassen. Nicht alles, was leicht aussieht, ist schlecht, und nicht alles, was schwierig aussieht, muss unbedingt gut sein. Manchen Menschen fällt es sehr leicht, Kontakt zu Energien oder Geistwesen herzustellen, für andere ist das mit mehr Aufwand verbunden. Es gibt Menschen, die manche Dinge einfach *wissen*, während andere alles hinterfragen müssen.

Den Kontakt mit der geistigen Welt muss man sich nicht erarbeiten, er ist ein Geschenk. Was man sich jedoch erarbeiten muss, ist ein offener Geist, eine gewisse Routine in der Erlangung und im Halten der Konzentration sowie der Wunsch, ein Teil dieser Welt zu werden. Jeder kann sich aussuchen, wie intensiv der Kontakt sein soll, den er herstellen möchte. Und man kann es natürlich auch ganz sein lassen. Niemand ist ein schlechter oder spirituell unterentwickelter Mensch, nur weil er keinen Kontakt mit der geistigen Welt haben möchte. Die geistige Welt urteilt nicht über uns. Das tun wir ganz allein – und sind dabei sehr viel härter und ungerechter unseren Mitmenschen gegenüber, als es das Universum jemals wäre. Toleranz ist eine Tugend, in der sich jeder von uns üben sollte.

Wer channelt, hat manchmal auch die Tendenz, sich in den Energien der geistigen Welt zu verlieren und kaum noch am weltlichen Leben teilzunehmen. Doch beides gehört zusammen. Wir sind nicht hier, um uns nur mit der geistigen Welt zu befassen, und wir sind kein bisschen spiritueller, wenn wir uns ausschließlich damit beschäftigen. Wer es schafft, ein gutes Leben zu führen und sein Leben so zu gestalten, wie er oder sie es gern möchte; wer den Mut hat, auch mal ein Risiko einzugehen, weil eine innere Stimme oder der Bauch es so will; wer in der Realität leben und das Leben als Geschenk erkennen und annehmen kann; wer also ganz im Hier und Jetzt lebt, hat sein Erdendasein auf dieser Erde ansatzweise begriffen.

Die Möglichkeit des Channelns ist ein Angebot des Universums, das uns unser ganzes Leben lang gemacht wird. Jeder von uns kann diese Möglichkeit nutzen, wann immer er oder sie Hilfe in Anspruch nehmen möchte.

Schade ist vielleicht nur, dass sich in unserer schnelllebigen Zeit kaum noch jemand Ruhe gönnen und Zeit nehmen will. Wir wollen die schnelle Antwort, die schnelle Liebe, den schnellen Reichtum, die schnelle Gesundheit, die schnelle Lösung für all unsere Probleme. Channeln ist eine Möglichkeit, die Ursachen seiner Probleme zu entdecken und individuelle Lösungen für sich selbst zu finden. Doch diese Lösungen sind keine Konsumware, die jederzeit griffbereit im Regal liegt. Sie wollen gefunden werden, manchmal auf sehr »umständliche« Weise. Wir müssen bereit sein, Umwege zu gehen, um sie zu finden, selbst wenn uns diese Umwege bei erster Betrachtung nicht begehbar oder unnütz erscheinen. Es sind nicht die schnellen Lösungen, die das Leben bereichern. Wir alle kennen den Spruch: »Gut Ding will Weile haben.« Das haben schon unsere Großeltern gewusst, und daran hat sich bis heute nichts geändert.

Nehmen Sie sich also Zeit für sich selbst. Befragen Sie sich, channeln Sie und hören Sie in sich hinein. Werden Sie innerlich ruhig, damit Sie die Antworten auf Ihre Fragen auch wirklich hören und sehen können.

Literatur

Edward Bach: *Blumen, die durch die Seele heilen*, Irisana, München, 1993

Wolfgang Johannes Bekh: *Bayerische Hellseher*, Ludwig, München, 1999

Rita S. Berkowitz / Deborah S. Romaine: *Communicating with Spirits*, Penguin, New York, 2003

Ralph Blum: *Runen*, Hugendubel, München, 1982

Raymond Buckland: *Doors to Other Worlds*, Llewellyn Publications, St. Paul, Minnesota, 2000

Jenny Cockell: *Unsterbliche Erinnerungen*, Bastei Lübbe Verlag, Bergisch Gladbach, 1991

Larry Dreller: *Beginner's Guide to Mediumship*, Weiserbooks, Newburyport, MA, 1997

William W. Hewitt: *Psychic Development for Beginners*, Llewellyn Publications, St. Paul, 2005

Allan Kardec: *Das Buch der Geister*, Hermann Bauer, Freiburg im Breisgau, 2000

Allan Kardec: *Das Buch der Medien*, Hermann Bauer, Freiburg im Breisgau, 1991

Ursula Kohlhaupt: *Pendeln*, Area, Erftstadt, 2005

Elisabeth Kübler-Ross: *Interviews mit Sterbenden*, Kreuz, Zürich, 1957

Topsy Küppers: *Wolf Messing. Hellseher und Magier*, Langen Müller, München, 2002

Horst E. Miers: *Lexikon des Geheimwissens*, Hermann Bauer, Freiburg im Breisgau, 1970

James van Praagh: *Und der Himmel tat sich auf. Jenseitsbotschaften. Die geistige Welt und das Leben nach dem Tode*, Goldmann, München, 2000

Jane Roberts: *Das Seth-Material*, Hugendubel, München, 2000

Jane Roberts / Robert F. Butts: *The Nature of Personal Reality*, Amber-Allen, San Rafael, CA, 1994

Jane Roberts: *Die Natur der Psyche*, Goldmann, München, 2001

Willibald Schmidt: *Sagen aus dem Isarwinkel*, Bad Tölz, 1979

José Silva: *Silva Mind Control*, Ullstein TB, Berlin, 2004

Jess Stern: *Der schlafende Prophet*, Knaur, München, 1985

Tacitus: *Germania*, Reclam, Stuttgart, 2000

Susan M. Watkins: *Conversations With Seth, Volume Two: The Story of Jane Robert's ESP Classes*, Prentice Hall, Upper Saddle River, NJ, 1981

Internet

http://de.wikipedia.org

http://www.hunderdorf.de/gemeinde/hiasl.htm (Informationen über den Mühlhiasl)